머릿속에
박제하는 한국사

머릿속에
박제하는 한국사

박재한 지음

바야흐로 한국사와 관련된 역사책이 매일같이 출판되는 2025년, 필자는 『머릿속에 박제하는 한국사』라는 책을 출판했다. 역사학자도 아니고 역사 선생님도 아니고 그렇다고 관련 학과를 다니는 학생도 아닌 나는 왜 이 책을 출판하였을까? 스스로 생각해 봐도 궁금한 일이다. 돌이켜 생각해 보면 이 책을 쓰게 된 계기는 두 가지가 있다. 첫째는 한국 역사를 그 누구보다도 소중하게 여기고 있는 나의 마음이고, 둘째는 그 소중함을 모르고 살아가고 있는 사람들에게 경각심을 주기 위해서다.

역사는 매우 소중한 학문이자 기록이다. 우리의 선조들이 이 땅에서 어떤 행동을 했고, 지도자들이 어떤 결정을 내려 어떤 상황에 직면했으며, 어떠한 결과를 만들었는지를 알게 해 주는 것이 바로 역사다. 과거의 사람들이 했던 결정은 이미 지나간 일임에도 불구하고 그것을 왜 공부해야 하냐는 질문을 할 수 있다. 물론 그런 질문을 할 수는 있다. 그러나 스스로 10초 동안 한 번만 더 생각해 보자. 우리가 앞으로 인생을 살아가면서 과거의 사람들이 직면했던 일들을 한 번도 안 겪을까? 과거에 살았던 사람이나 지금 살아가고 있는 사람이나 사람 사는 세상에서 살아가고 있는데 비슷한 상황을 한 번이라도 겪게 되지는 않을까? 상황을 더 키워서 본다면 조선과 대한민국이 비슷한 외교적 화술을 써야 하는 상황이 한 번이라도 오지 않을까? 작게는 개인의 판단부터 넓게는 국가의 정책적 결정까지 우리는 과거의 모습을 통해 미래를 대비할 수 있다. 과거의 실수를 통해 미래에서는 보완하여 더 좋은 상황을 만들 수 있으며, 과거의 좋은 행동을 기억하여 현재와 미래에는 더 좋은 행동으로 자신에게 유리한 상황을 만들 수 있다. 역사는 그렇기에 중요하다.

　한편 우리는 역사를 너무 과목으로만 인식하여 어렵게 접근하려고 한다. 중학생들에게는 그저 어려운 내신 과목으로 전락하였고, 고등학생들에게는 수시 원서 접수를 위해 대비하는 내신 점수 혹은 수능을 대비하기 위해서 공부하는 하찮은 과목(대학에서 반영하는 한국사 과목의 비율이 굉장히 적기 때문에 이렇게 표현하였다)으로 치부되기도 한다. 중고등학생들에게 역사는 그저 귀찮게 외울 게 많은 하찮은 과목으로 명예가 추락한 지 오래다. 대학생들에게도 역사는 그저 교양과목에 지나지 않는다. 대한민국의 교육기관은 역사를 매우 공부하기 귀찮은 과목으로 가둬 버린 것이다. 그래 놓고 역사에 관심을 가지라고 어른들이 뭐라 한다면 그 말을 들을 학생들이 어디 있겠는가? 이렇게 역사를 공부하지 않게 되니, 자연스레 중국에서 진행하는 동북공정 프로젝트(고구려와 발해의 역사는 중국의 역사라고 왜곡하는 중국의 역사 왜곡 프로젝트다)와 일본의 독도 역사 왜곡에 대해 올바른 말을 국제 사회에 하지 못하고 당할 수밖에 없는 것이다.

　필자는 독자들에게 어려운 역사의 용어를 최대한 쉽게 풀어서 설명하고 흐름을 중심적으로 한반도에서 펼쳐진 가장 중요한 정치사를 쭉 정리해 보려고 한다. 최대한 공정하고 객관적이고 시험에 나올 수 있는 부분만 쓰려고 할 것이다. 이 과정에서 일부(전문가들에 따라서는 많은 부분)가 생략될 수 있다는 점을 염두에 두면서 읽어 주시기를 바라면서, 반만 년의 한국사를 재밌게 쓱 읽을 수 있기를 바란다.

추가적으로 고마운 분들을 적어놓고 서문을 마무리하겠다. 사랑하는 어머니, 아버지, 동생 지후와 할머니 할아버지에게 무궁한 감사와 사랑을 드리며, 이 책의 대부분을 군복무를 하면서 작성하였는데, 힘들고 지칠 때마다 큰 도움을 주고 응원해 주고 챙겨 주었던 근민, 인혁, 혁교, 진현, 승민, 성곤, 도균, 심우, 진기, 자겸, 형준과 형욱, 태현, 정민, 현서, 성윤, 재용, 재현, 승현, 민준, 승열이와 더불어 후임분들에게 무한한 감사와 고마움을 전한다.

2025년 1월 10일 박재한 올림

머릿속에 박제하는 한국사

목차

I.

선사

1. 한국사의 구분

우리가 한국사 공부를 시작하기에 앞서 한국사를 쉽게 이해하려면 두 가지로 시대를 구분해서 보아야 한다. 첫째로는 선사 시대고, 둘째는 역사 시대다. 우선 역사 시대의 의미를 알아야 하는데, 역사 시대란 문자로 기록을 한 시대를 말한다. 그렇다면 당연하게도 선사 시대는 역사 시대보다 앞서(먼저 선, 先) 있는 시대라는 뜻이다. 고로 선사 시대란 문자로 기록된 것이 없는 시대로, 우리가 선사 시대를 공부한다고 한다면 문자가 없는 시대를 공부하는 것이기 때문에 문자로 이루어진 기록을 중심적으로 보기보다는 유물들을 중심적으로 보며 유적지, 유물의 이름과 사진을 살펴보는 것이 가장 최고의 공부법이라고 볼 수 있다.

마지막으로 제발 선사 시대만 펼쳐서 공부하지 말자. 우리는 5,000년 이상의 역사를 배우고 알아 가는 것이다. 물론 선사 시대는 우리 역사에서 가장 많은 부분을 차지하는 시대이기는 하지만, 현재 우리가 사는 모든 것을 알 수 있게 되는 최근의 역사인 조선 시대 말부터 노무현 정부까지의 역사를 많이 물어보고, 다른 시대 또한 균형 있게 물어본다. 선사 시대가 첫 페이지라고 해서 가장 중요한 부분이 아니므로 빠르게 정리하고 넘어가도록 하자.

머릿속에 박제하는 한국사

[TMI]

시작하기에 앞서 앞으로 우리는 이 책을 읽을 때 2가지를 주의하면서 읽어야
한다. 첫째 이 책의 구성은 모두 시간 순서대로 이루어져 있다. 가령 고려 시
대라는 분야가 있다면 해당하는 부분에서 일어났던 중요한 사건들을 시간 순
서대로 일목요연하게 기술해 놓았다. 명심하면서 읽으면 도움이 된다. 둘째
는 정리를 직접 해 가면서 책을 읽자. 정리하면서 책을 읽어야지 공부를 하는
데 더욱더 도움이 된다. 정리를 따로 하면서 공부를 하도록 하자.

2. 구석기

구석기 시대는 한반도에서 최초로 등장한 인류를 설명하고 있다. 여기서 시험 문제의 포인트는 바로 유물이라고 앞에서 설명했다. 유물을 들어가기에 앞서서 구석기 시대는 **뗀석기**라고 하는 점을 명심하고 들어가자. (조금 깊이 설명하면, 뗀석기는 로또라고 생각하면 된다. 자신이 원하는 모양이 나올 때까지 수도 없이 반복적으로 돌을 던져야 한다. 반면 간석기(신석기 때 설명)는 원하는 모양을 자신이 직접 생각해서 갈아서 만드는 것이기에 뗀석기보다는 조금 더 진화된 상태라고 생각하자. 이런 상황을 생각한다면 충분히 외우지 않아도 기억하기 쉬울 것이다)

구석기 시대의 가장 대표적인 유물은 **주먹도끼**다. 쉽게 설명하면 갤럭시나 아이폰이 현대인의 필수 만능 기기인 것처럼 구석기인들에게는 주먹도끼만큼 만능 기기인 것이 없다. 참고로 구석기 유물을 맞추는 팁을 주면, 맞으면 죽을 것 같다는 느낌이 들면 구석기 유물이다. 또 **찍개**와 **슴베찌르개**를 주목해서 볼 필요가 있다. (볼드체로 표시한 유물들은 검색해서 유물의 모양을 찾아보자. 유물의 모습을 아는 것이 선사 시대의 핵심이다)

머릿속에 박제하는 한국사

[TMI]

- 1977년 주한미군이었던 그렉 보웬은 경기도 연천군 전곡읍에서 아슐리안형 석기를 발견했는데(대표적으로 주먹도끼), 이는 전 세계적으로 큰 파장을 불러 일으켰다. 당시 학계에서는 모비우스 이론이 팽배하게 자리 잡고 있었는데, 모비우스 이론이란 동아시아 지역에는 주먹도끼가 없으며, 찍개를 중심으로 구석기 시대에 활동했을 것이라고 주장한 이론이다. 이 이론의 핵심은 구석기 당시 고도로 발달된 도구였던 주먹도끼(주먹도끼)가 발굴되었던 서양 세계는 하나도 주먹도끼가 발굴되지 않은 동아시아보다 인종적으로 우월하다는 근거가 되었다. 그러나 이 학설은 전곡리에서 발견된 아슐리안형 석기로 인하여 폐기하게 된다.

- 참고로 구석기 시대의 대표적인 유적지가 있다. 연천 전곡리, 공주 석장리, 청원 두루봉 흥수굴이 있는데 정말 많이 나오는 유적지이다 보니 인지해 놓고 있으면, 쉽게 문제를 해결할 수 있을 것이다.

3. 신석기

신석기 시대는 앞서 배운 구석기 시대와 완전히 다른 특징이 있다. 그것은 바로 **농경의 시작**이다. 농경, 그중에서도 조, 피, 수수와 같은 농작물의 시작이 바로 신석기 시대라고 볼 수 있다. 얼마나 중요한지 인류 문명에 가장 크게 공헌한 사건들을 일목요연하게 정리한 앨빈 토플러의 저서『제3의 물결』에서 신석기 혁명(농업 혁명)을 제1의 물결로 볼 만큼 아주 중요한 혁명이라고 볼 수 있다. 농사를 짓기 시작함과 동시에 정착의 필요성을 느낀 인류는 자연스럽게 **정착 생활**을 하기 시작했고 정착 생활을 하기 위해 **움집**이라고 하는 집들이 **강가나 바닷가 근처**에서 등장하였다. (물론 구석기에는 막 지은 집이라는 뜻에 막집을 지었다) 또한 농사를 짓다 보면 평소에 먹었던 양보다 많은 양의 곡식이 수확될 가능성도 있다. 남은 곡식들(잉여생산물)을 저장해야 하는 필요성이 생기기에 토기를 만들게 되었는데 여기서 가장 유명한 토기가 빗살무늬토기다.

수능 한국사에서는 신석기를 짧게 5글자로 암기하기 위해 정리한다.
신. 간. 빗. 농. 움

풀이해서 설명하자면,

신석기는

간석기를 사용하고

빗살무늬토기를 사용했으며,

농경이 최초로 시작되고(쌀X)

움집에서 살았다.

시험에서 주목하는 부분은 농사를 시작하게 된 시점이다. 왜냐하면 수많은 학생들이 농사의 시작을 신석기로 외우기 때문에 신석기 시대에 쌀농사가 시작되었다고 생각하기 쉽지만, 사실 쌀농사는 청동기 시대에 시작되었다. 반드시 파악하고 있어야 한다. 그 외에도 **가락바퀴와 뼈바늘과 같은 의류를 만드는 유물들, 이른민무늬토기, 빗살무늬토기와 같은 토기 유물, 갈판과 갈돌, 강가 근처에서 살았던 것을 증명해주는 패총(조개무덤) 등과 같은 유물 혹은 유적지들이 있다.** (반드시 유물들을 검색해서 사진을 찾아보도록 하자)

[TMI]

신석기 시대는 평등사회이자 씨족사회였다. 또한 **애니미즘(자연), 샤머니즘(무당), 토테미즘(동물)**과 같은 종교가 신석기 시대 시기에 발생했다. 사실 이러한 것들도 정착 생활을 시작하게 되면서 자연스레 시작되었다. 우선 정착 생활을 하면서 움집을 짓게 되었고, 움집 속에서 씨족(가족)사회가 형성되었다. 또한, 정착과 동시에 그 지역에서 지속적으로 살아야 하기 때문에 농경과 목축을 시작하게 되는데 농작물을 키우는 데 가장 중요한 태양과 비가

오지 아니하면, 자연스레 농사가 망하니까 태양도 적절하게 비추고 비도 많이 와 달라는 간절한 기원이 있지 않겠는가. 모두 농경이 시작되면서 생기는 자연스러운 것들이다. 흐름으로 이해하고 파악하자!

4. 청동기

　청동기는 최초의 국가인 고조선이 탄생한 시기이기도 하다. 주목할 부분은 쌀농사의 시작이 청동기 시대라는 것이고 비파형 동검과 반달 돌칼을 쓰기 시작한 시대가 청동기 시대이다. 보통 이제 우리가 청동기 시대라고 하면 청동기를 보편적으로 많이 썼던 시대가 청동기 시대라고 생각할 수 있다. 그러나 청동기 시대는 청동기를 보편적으로 사용했던 시기가 아니라 청동기가 등장했던 시기라고 생각하면 이해하기 편하다. 당시 청동기는 지금의 반도체 이상의 희귀함을 가지고 있었던 물질이었다. 그렇기에 청동기는 주로 의례용(청동거울, 청동 방울 등)으로 많이 쓰였다. 그렇다면 왜 청동 곡괭이, 청동 삽 등은 없었을까? 거의 없었다. 그 이유는 청동이 물렀기 때문이다. 당시 기술로는 청동 삽, 청동 칼을 생산하는 것보다 돌로 삽과 칼을 만드는 것이 경제적으로 이득이고, 기술적으로도 쓰기 더 편했을 것이다.

[흐름 주목]

> 쌀농사 시작 → 폭발적인 식량 생산 → 사유재산 발생 → 빈부격차 발생(고인돌을 통해 증명) → 계급의 발생 → 지배층의 출현 → 제정일치 사회 + 국가의 탄생 → 전쟁의 시작

청동기 시대의 핵심은 단연 쌀농사 시작이다. 쌀농사를 시작하면서 자연스레 식량 생산이 폭발적으로 증가했고, 비옥한 땅에서는 어마어마한 양의 식량이 나는 반면, 열악한 땅에서는 그보다 적은 식량이 나왔다. 자연스레 사람마다 빈부의 격차가 발생하게 되었고(사유재산 발생과 더불어 빈부격차도 발생), 빈부격차의 발생은 곧 계급의 발생으로 발전하게 된다.

강화 부근리 지석묘 고인돌
(본 저작물은 공공누리 제1유형에 따라 국립문화유산연구원의
공공저작물을 이용하였습니다)

한편 청동기 시대부터는 연장자가 무리의 지도자를 했던 석기 시대와는 다르게 힘이 강한 자가 지배자가 되었고, 지배자는 다른 지배자를 누르고 타 지배자의 권력과 힘, 재산을 빼앗기 위해 전쟁도 마다하지 않았다. 점점 몸집을 키우는 무리는 이제 국가의 규모를 갖추기도 하

머릿속에 박제하는 한국사

며, 이 당시에 조선(훗날 고조선이라고 불림)이 건국된다. 참고로 당시 정치체제는 제정일치 사회였으며, 제정일치란 정치 지도자가 종교 지도자도 겸하는 것을 말한다.

[핵심 유물]

• 청동기: 비파형 동검 + (거친무늬 거울)
• 석기: 반달돌칼
• 토기: 민무늬 토기 + (미송리식 토기)

앞서 말했던 것처럼 농기구는 여전히 간석기를 사용했다. 시험에 나오는 유물로는 비파형 동검이 있는데, 비파형 동검은 중국 악기 비파를 닮은 동검을 말하는 것이고, 거친무늬 거울은 말 그대로 무늬가 거친 초기의 거울을 말한다. 반달돌칼은 곡식을 수확하는 칼인데, 돌칼이라는 단어만 보고 구석기 혹은 신석기 시대의 유물이라고 착각하기 쉽지만, 청동기 시대의 유물이다. 토기로는 민무늬 토기와 미송리식 토기가 있는데, 미송리식 토기가 출제가 빈번히 되는 편이다. 민무늬토기는 청동기 시대의 토기인데, 훗날 신석기 시대로 추정되는 민무늬토기가 발견되어 학계에서 난감한 적이 있다. 결론적으로는 신석기 시대의 민무늬토기는 이른민무늬토기로 명명하였다.

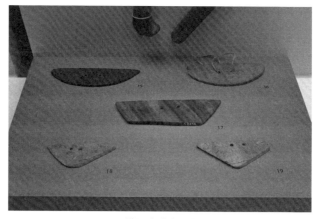

청동기 반달돌칼

(본 저작물은 공공누리 제1유형에 따라 한국관광공사의
공공저작물을 이용하였습니다)

청동기 청동 거울

(본 저작물은 공공누리 제1유형에 따라 한국관광공사의
공공저작물을 이용하였습니다)

머릿속에 박제하는 한국사

5. 철기 시대

철기 시대는 말 그대로 철을 사용했던 시기다. 철은 양질의 품질로 대량생산이 당시에도 가능했다. 그렇기에 철기 시대에는 철을 이용하여 쟁기, 쇠스랑을 비롯한 철제 농기구와 철제 무기들을 만들었고, 관련 유물들이 현재 출토되고 있다. 청동기 시대에서 시험에 자주 나오는 유물은 **거푸집과 세형동검**이다. 거푸집과 세형동검은 한반도의 독자적인 유물들로 한반도 권역에서만 출토가 되고 있다. 참고로 거푸집과 세형동검은 매우 중요한 유물이고 시험에도 잘 출토되기 때문에 의미를 더 살펴볼 필요가 있는데, 쉽게 설명하면 거푸집과 세형동검은 붕어빵 기계와 붕어빵이라고 보면 된다. 만약 붕어빵만 출토가 되었다면, 과연 한반도 사람들이 붕어빵을 직접 만들었던 것인지, 아니면 붕어빵은 다른 지역에서 대량으로 유입시킨 것인지 모르지 않는가? 그렇기에 거푸집의 출토는 세형동검이 독자적으로 한반도에서 만든 유물임을 증명해 주는 유물이라는 의미가 있고, 그렇기에 시험에 잘 출제한다. 시험이 좀 어렵게 나온다면 **잔무늬 거울**과 같은 유물들을 물어볼 수도 있다.

철기 시대는 중국과의 교역도 활발히 진행되었기 때문에 **오수전, 반량전, 명도전**과 같은 중국의 화폐가 한반도에서 다수 출토되었다. 또

경남 창원에서는 **붓**이 발견되기도 하였는데, 이는 한자의 유입이 진행되었다는 것을 미루어 짐작할 수 있다. **(경남 창원 다호리 붓)** 붓이 있다는 것은 문자를 썼다는 것이고 이는 곧 기록과 문사가 한반도 세력권으로 들어온 시기는 바로 철기 시대라는 것을 알 수 있다. **(역사 시대의 시작)**

머릿속에 박제하는 한국사

6. 고조선

    고조선은 한반도 세력권의 최초의 국가로 볼 수 있다. 서거정의『동국통감』에 따르면 고조선은 기원전 2333년에 건국되어 기원전 108년에 멸망했다. 약 2,200여 년 정도 국가가 유지된 것이다. (하지만 다른 고서와 역사서들을 참고해 보았을 때 고조선은 기원전 8세기에서 7세기에 본격적으로 등장하기 시작했다) 고조선은 **단군왕검**(= 대통령과 같은 직책을 의미한다)이 지배했던 국가였고, 앞에서 설명했다시피 청동기 문화를 바탕으로 건국되었다는 말도 다시 한번 강조한다. 참고로 고조선은 **제정일치 사회**라고 하는 점이 매우 중요하다. 앞서 단군왕검이 지배했던 나라가 고조선이라고 했는데, 단군왕검이라는 단어를 통해 제정일치 사회라는 것을 더 명확히 알 수 있다. '단군'은 제사장이라는 뜻이고, '왕검'은 정치적 무리의 지도자라는 뜻이다. 따라서 단군왕검이라는 용어를 통해 제정일치 사회라는 것을 알 수가 있다.

    고조선은 우리가 생각한 것보다 강한 나라였다. **기원전 4세기에는 중국의 전국 7웅 중 하나였던 연나라와 영토를 뺏고 영토를 빼앗기는 전쟁을 할 만큼 강성했다.** 그러나 기원전 3세기 초에 연나라 장군 진개의 침입으로 요동 지방 영토를 빼앗기었는데, 그 이후 고조선은 평양 근처로 수도의 본거지를 옮겼다는 이야기가 있다. (고조선의 활동 영역은 한반도가 아니다. 한반도와 만주를 비롯한 요동 지역까지를 아우르는 국가였다는 점을 잊지 말자. 참고로 요동 지역은 요하 강을 기준으로 요서 지방과 요동 지역으로 나뉘는 구역으로 중국 내륙과 만주를 가르는 곳이라고 볼 수 있다. 이 영토를 놓고 연나라와 싸웠다는 기록을 보았을 때, 한때 고조선은 굉장히 강성했던 국가였다. 물론 요동을 빼앗긴 이후에는 만주 지역과 한반도 지역으로 영토가 축소되었다)

고조선은 정치체제를 정비하였다. 대표적인 제도는 바로 **왕위세습**이다. 부왕에서 준왕으로 왕위세습을 했다는 것은 강력한 왕권을 바탕으로 이루어졌다는 점을 볼 수가 있다. 또한 **상, 대부, 장군**과 같은 관직을 정리하기도 하였다. (왕위세습을 했다는 점과 관직을 두었다는 점은 모두 왕권의 힘이 강했다는 것을 보여 준다. 군주제 왕권 국가에서는 왕의 힘이 강해야 국가의 중앙통치가 강하다는 것을 보여 준다. 그렇기에 시험에서는 중앙 집권 국가 체제를 갖추고 있냐, 혹은 누가 중앙 집권 국가 체제를 갖추었냐를 물어보는 문제가 나온다)

그 이후 **위만**이라고 하는 사람이 등장하는데 기원전 2세기 중국의 진, 한 교체기에 위만이 고조선 준왕에게 투항하였다. 그리고 위만은 준왕의 신임을 받아 서쪽 국경 수비대 직책을 받았는데 기원전 2세기 국경 근처에서 세력을 확보한 위만은 준왕을 몰아내고 왕이 되었다. 위만 조선은 영토 확장과 중계무역을 하며 고조선을 강성하게 키웠는데 특히 중계무역으로 쏠쏠하게 돈을 벌었다. 중계무역은 한반도에 있는 진국과 중국 한나라 사이에서 무역하는 행위를 말한다. 중계무역으로 피해를 보고 있었던 한나라 무제는 고조선의 우거왕 시기에 왕검성(수도)에 군대를 파견하여 공격하였는데 고조선은 한나라 군대의 침공을 잘 막았다.

그러나 우거왕(위만의 손자)이 고조선 내부의 혼란으로 인하여 피살당한 이후로 중심이 흔들렸던 고조선은 내분의 분란과 반란과 함께 한나라군의 침입으로 평양 근처에 있었던 왕검성의 함락으로 끝이 난다. 그 이후 한나라는 고조선 지역을 효율적으로 다스리기 위해 식민지 4개국을 만드는데 그것을 **한사군**이라고 부른다.

고조선에서 주목할 만한 사료는 **8조법**, 혹은 **범금 8조**라고 불리는 제도다. 8개의 조항이 전부 전해져 내려오지는 않으나, 일부가 전해져 내려오는데 매우 시험에 잘 나오니 파악해 두자. "낙랑 조선민의 범금 8조는, 남을 죽이면 즉시 죽음으로 갚고, 남을 상해하면 곡식으로 배상하며, 남의 물건을 훔친 자가 남자면 그 집의 노(奴)로 삼으며 여자면 비(婢)로 삼는데, 자신의 죄를 용서받으려는 자는 1인에 50만(전)이었다. 그러나 비록 죄를 사면받아 민(民)이 된다고 할지라도 풍속에서는 오히려 이를 꺼려 결혼하려고 할 때 짝하려는 자가 없었다. 이 때문에 그 민들은 끝내 도둑질하지 않아 집의 문을 닫아 놓지 않았다."(『한서』 권28하, 「지리지」 8 하 연군) 풀어서 설명하면, 남을 죽이면 즉시 죽음으로 갚는다는 내용을 통해 생명 중시 사회였음을 알 수 있고, 남을 상해하면 곡식으로 배상한다는 내용을 통해 개인마다 사유재산을 가지고 있었다는 것을 알 수 있다. 또한 남의 물건을 훔친 자가 남자면 그 집의 노로 삼으며, 여자이면 비로 삼는다는 내용을 통해 계급이 있었던 계급사회였다는 점을 알 수가 있으며, 자신의 죄를 용서받으려는 자는 1인에 50만 전이라는 내용을 통해 화폐를 사용했다는 점을 유추해 볼 수 있다. 서술형이나 내신 시험에 잘 나오는 출제 자료다.

7. 여러 나라의 성장 시대

국가		위치	정치	경제	사회	제천 행사
부여		만주 송화강 유역	5부족 연맹체 (사출도)	반농반목 경제 체제	순장 문화 1책 12법 우제점법 형사취수	영고 (12월)
고구려		압록강 유역	5부족 연맹체 (고추가)	약탈 경제 (부경 = 창고)	서옥제 (데릴사위제) 1책 12법 형사취수	동맹 (10월)
옥저		함경도 함흥 지역	군장국가 (읍군, 삼로)	해산물과 오곡백과 풍부	민며느리제 가족 공동묘	
동예		강원도 동해안 지역		특산물 (단궁, 과하마, 반어피)	책화, 족외혼 철자현 집터	무천 (10월)
삼한	마한	충청도, 전라도 지역	신지, 견지 읍차, 부례	벼농사 발달 저수지 다수 분포 (김제 벽골제)	두레 주구묘 공동 노동	수릿날 계절제 (10월)
	진한	낙동강 동북 지역				
	변한	낙동강 서남 지역	제정분리 사회 (천군, 소도 통치)	마한, 진한과 동일 / +) 철 생산 낙랑, 왜 중계무역		

    한나라의 거센 침입으로 왕검성이 무너지며 멸망한 고조선, 이후 한나라는 앞서 말했다시피 낙랑, 임둔, 진번, 현도군을 고조선 지역에 설치하며 한반도를 한나라 세력권으로 만들었다. 후에 우리는 이 4개의

식민지 형태의 군을 **한사군**이라고 부른다. 한나라는 고조선과는 다르게 가혹한 사회제도를 갖춘 것으로 추정한다. 그 이유로는 고조선이 범금 8조라는 법 조항으로 사회를 유지한 것과는 다르게 한사군은 60여 개의 조항으로 사회를 규율하고 통치했기 때문이다. 처음에는 고조선 지역이 한나라 세력권으로 잘 스며드는 듯싶었으나, 한반도와 만주 지역에서는 각각의 독립적인 자치 국가가 등장하기 시작하며 한사군을 위협하였다. 여기서 우리는 모든 국가를 공부하지는 않고, 대략 8개 정도 되는 각 국가의 정치적, 문화적, 경제적 특징을 공부할 것이며, 시험에서도 국가들의 특징을 시험으로 출제를 할 것이기에 참고하여 공부하면 좋을 것 같다.

여러 나라의 성장 시기
(본 저작물은 공공누리 제1유형에
따라 한국학중앙연구원의
공공저작물을 이용하였습니다)

우선 각 국가의 위치부터 살펴보자. 첫 번째로 부여는 만주 송화강 유역에서 등장한 국가다. 그리고 고구려는 압록강 유역에서 등장한 국가고, 옥저는 함경도 함흥 지역, 동예는 강원도 동해안 지역에서 등장했다. 삼한 중 마한은 충청도와 전라도 지역에서 등장하였고, 진한은 낙동강 동북쪽, 변한은 낙동강 서남쪽에서 등장하였다.

다음으로는 각 국가의 정치적 특징을

머릿속에 박제하는 한국사

보도록 하자. **부여는 마가, 우가, 구가, 저가로 불리는 4개의 부족과 중심에는 선출직 왕까지 포함하여 총 5개의 부족으로 이루어져 있다.(5부족 연맹체)** 마가, 우가, 구가, 저가는 중심인 왕으로 가는 길을 만들고, 그 길을 중심으로 지역을 나누었다는 점에서 사출도라고 부른다.**(사출도, 四出道)** 여기서 우리는 각 부족들 이름의 뜻이 궁금할 수도 있는데, 마가는 말 부족, 우가는 소 부족, 구가는 개 부족, 저가는 돼지 부족을 말한다. 이름을 통해서 부여는 목축이 굉장히 중요한 국가라는 것을 알 수가 있다. 마지막으로 부여의 왕은 선출직으로 각 귀족(부족장)들의 회의로 선출이 되며, 흉작이 들거나 전쟁이 질 것 같으면 왕을 폐위했다. 고구려는 부여와 비슷하게 5부족 연맹체로 이루어져 있으며, 각 부족의 이름은 계루부(왕족), 소노부, 절노부, 순노부, 관노부다.(노는 사람을 뜻하며 소, 절, 순, 관은 방향을 의미한다)

[TMI]

고구려에는 본래 5족(族)이 있었는데, 연노부(涓奴部)·절노부(絶奴部)·순노부(順奴部)·관노부(灌奴部)·계루부(桂婁部)다. 본래 연노부가 왕을 하였지만 차츰 미약해져 지금은 계루부가 이를 대신한다. ……(중략)…… **왕의 종족(宗族) 가운데 대가(大加)는 모두 고추가(古雛加)라고 부른다.** 연노부는 본래 국주(國主)였으므로 지금은 비록 왕이 되지 못하지만 적통대인(適統大人)은 고추가라고 칭할 수 있으며, 또한 종묘(宗廟)를 세우고 영성(靈星)과 사직(社稷)에 제사 지낼 수 있다. 절노부는 대대로 왕과 혼인하였으므로 고추가의 칭호를 더해 준다. 여러 대가(大加)는 또한 스스로 **사자(使者)·조의(皂衣)·선인(先人)**을 두고 명단을 모두 왕에게 보고하는데, 중국 경대부(卿大夫)의 가신(家臣)과 같으며, 회동(會同)의 좌석 차례에서는 왕가(王家)의 사자·조의·선인과 같은 대열에 앉을 수는 없다.

－『삼국지』 권30, 「위서」 30 오환선비동이전

옥저와 동예는 주변 강대국 고구려에게 항상 간섭당하고 약탈당하는 입장이어서 그런 것인지는 몰라도, 연맹왕국 체제로 발달하지 못하고, 군장국가 상태로 머물게 된다. 따라서 왕이라는 호칭을 불리지 않았으며, **읍군, 삼로**라고 불렀다. 삼한의 지도자 명칭과 구분해서 시험에 출제할 수 있다. 삼한은 수십 개의 소국들의 연맹체로 이루어져 있었다. 마한만 하더라도 54개 소국의 연합체였으며, 진한과 변한은 각각 12개 소국의 연합체였다. 이들의 왕의 호칭은 대표적으로 **신지, 읍차**가 있으며 시험에서는 견지, 부례라는 용어도 나온다. **참고로 삼한의 가장 큰 특징은 소도라는 지역에 천군이 있었다는 것인데, 소도는 신성한 지역으로서 이곳은 종교적 지도자 천군이 다스리는 고유한 영역이다.** 따라서 소도에는 읍차, 신지와 같은 국가의 공권력이 개입할 수 없는 곳이라는 뜻이므로, **제정 분리** 사회였음을 알 수 있다. 제정 분리가 개념으로 나왔다는 것은 고조선의 제정일치 사회와 섞어서 시험에 출제하기 좋다는 점도 다시 한번 강조하겠다.

이제 경제를 살펴보자. 부여는 앞서 설명했다시피 목축을 중요시 여겼다고 설명했다. 하지만 이 당시는 신석기 혁명이 일어난 후이기 때

머릿속에 박제하는 한국사

문에 부여도 농사를 지었다. 하지만 만주 지역의 혹독한 추위로 인하여 농사로만은 충분한 수확량을 걷을 수 없었기 때문에 목축도 중요한 경제적 요소로 자리 잡은 것으로 추정한다. 우리는 이를 반농반목 경제체제라고 부른다.

고구려는 옥저와 동예 등 국가에서 생산물과 식량을 약탈해 오는 경제체제를 갖췄다. 고구려의 건국 위치는 굉장한 척박한 산 근처이기 때문에 땅에서 나는 생산력으로 국가를 버틸 수가 없었다. 그렇기에 주변국을 약탈하며 경제를 키웠는데, 너무 많이 약탈한 것일까? 집집마다 **부경**이라고 하는 식량 창고가 있었을 정도라고 한다. 옥저는 함경도 지역으로서 굉장히 풍부한 곡식과 생선들이 잡혔다고 한다. 그래서 그런가 고구려한테 많이 털렸다. 후에는 고구려 태조왕에 의해 정복당하게 된다.

동예 또한 옥저 못지않게 풍족한 생활을 하였는데, 특히 동예는 3가지 특산품을 주목해야 한다. **첫째는 단궁이고 둘째는 과하마(과일나무 밑을 다니는 말이라는 뜻으로 키가 작은 말을 칭한다), 셋째는 반어피다.** 삼한은 벼농사가 굉장히 많이 발달하였다. 그렇기에 저수지 발달이 가장 큰 특징이다. 참고로 삼한 중 변한은 철이 굉장히 많이 나오는 지역이라 덩이쇠와 같은 가공된 철을 일본(왜)이나 낙랑군에 수출했다고 한다. 제천행사로는 **부여는 영고(12월이 특징), 고구려는 동맹, 동예는 무천, 삼한은 계절제가 있다.**

마지막으로 **사회적 특징**을 살펴보자. 부여는 순장(영향력이 있는 사람이 죽었을 때, 주변 지인들을 산 채로 같이 묻는 문화), 1책 12법(예를 들어 연필을 한 개 훔쳤다가 걸리면 12개로 갚아야 하는 제도다), 형사취수제(형이 와이프기 죽으면 동생이 형의 와이프와 결혼한다는 뜻으로 노동력을 굉장히 중시했다는 것을 유추할 수 있다)가 있다. 고구려는 부여와 비슷한 문화를 가지고 있다. 형사취수제와 1책 12법이 대표적이다. 고구려만의 고유한 특징은 서옥제인데, 서옥제란 데릴사위제로 결혼하는 남자는 와이프 부모님 집으로 가서 2년 정도 일을 하며 지내다가 친정집에서 인정을 하면 와이프를 데리고 나가서 사는 제도를 말한다. 옥저는 반대로 민며느리 제도를 갖고 있는데, 민며느리 제도란 어린 나이에 남편의 집으로 가서 사는 것을 말한다. 외우기 쉽게 '옥동자 민머리(대머리)'로 외우자. 또 옥저는 가족공동묘라고 해서 가족들의 뼈들을 모아서 한곳에서 제사를 지낸다고 한다. 동예는 책화라는 풍습이 있다. 책화는 각각의 마을 사람들은 다른 마을로 넘어가서는 안 되고, 넘어간다면 보상을 해 줘야 하는 문화다. 대단히 폐쇄적인 문화라고 볼 수 있다. 또한 동예는 족외혼(가족 외에 다른 집안의 사람과 결혼해야 한다는 뜻이다. 고려와 조선은 근친혼이 있었다는 점을 고려하면 대단히 특징적인 문화다)과 철자형, 여자형 집터도 특징이다. 삼한은 농사와 관련된 사회

여러 나라의 성장 시기
(본 저작물은 공공누리 제1유형에 따라 한국학중앙연구원의 공공저작물을 이용하였습니다)

머릿속에 박제하는 한국사

적 특징이 도드라진다. 두레라든가 주구묘라든가 공동노동 같은 것이 대표적이다.

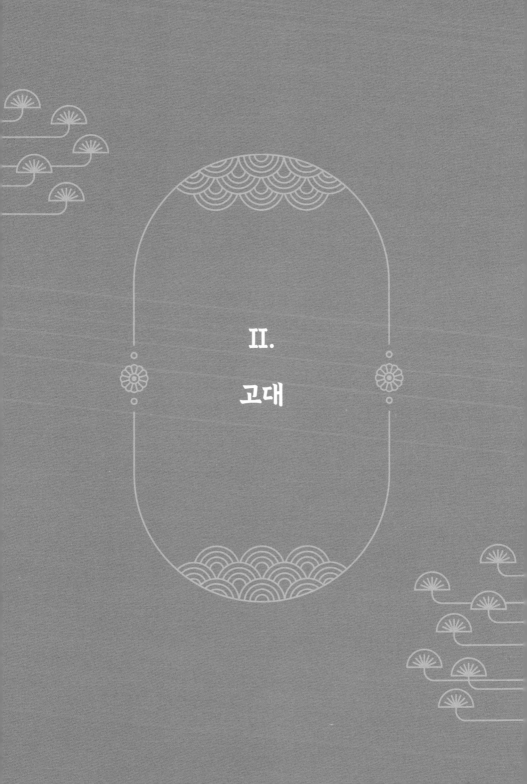

II.

고대

1. 삼국 시대

여러 나라가 성장했던 시기에서 시간이 흐르기 시작하자 점점 고구려, 백제국, 신라국(사로국)이 다른 나라들을 제치고 두각을 내기 시작했다. 북부 지방에서는 고구려가 부여와 옥저, 동예를 점령하며 힘을 키워 갔고, 백제는 마한 지역에서 목지국을 제치고 54개 소국을 통합해 나아가며 강력한 국가로 변모해 갔다. 신라는 사로국이라는 이름으로 진한에서 힘을 키워 나갔다. 변한은 12개국 소국의 연합체에서 6개의 연맹 왕국으로 발전했다. 이를 가야 연맹이라고 부른다. 드디어 시험에서 가장 많이 나오는 빈출 범위가 등장했다. 왕과 업적을 연결해서 공부하도록 하자!

참고로 고대국가가 되는 조건 3가지가 앞으로 삼국 시대를 공부하면서 도움이 되기 때문에 한번 알아보도록 하겠다. 고대국가는 중앙집권적이어야 한다. 연맹 왕국과 같이 각 지방의 수장들이 왕보다 힘이 강하여 왕을 폐위시킬 수 있는 상황이 연출되어서는 안 된다. 강력한 힘과 강력한 지위를 가진 왕이 권력을 이용하여 모든 지방을 자신의 세력으로 통합해야 하며, 더불어 자신의 영향력이 각 지방 곳곳으로 뻗어야 한다. 그렇기에 고대국가가 되는 조건으로는 왕권 강화(부자 상속), 불교 수용, 율령 반포가 있다.

마지막으로 삼국 시대에서 가장 주목할 점은 한강 유역을 점령한 국가를 순서대로 기억하는 것이다. 한강 유역, 지금의 서울은 과거에도 넓은 평야와 한반도의 중심에 위치하고 있는 지리적 특성 등을 고려했을 때 가장 중요한 지역 중 하나다. 고구려, 백제, 신라는 각각의 국가가 전성기가 되었을 때, 한강 유역을 점령하며 자신이 진정한 강대국임을 증명했다. 따라서 우리는 4세기 백제, 5세기 고구려, 6세기 신라가 전성기 시절을 보냈음을 알 수 있으며 6세기에 전성기를 구가했던 신라는 이후 삼국통일의 주역이 되며 통일 신라 시대를 열게 된다.

삼국 시대 정립기 지도
(본 저작물은 공공누리 제1유형에 따라
한국학중앙연구원의 공공저작물을
이용하였습니다)

2. 고구려

  기원전 37년, 주몽(동명성왕)은 부여에서 남하하여 졸본이라는 지역을 도읍 삼아 고구려를 건국한다. 여기서 우리는 수도 졸본(오녀산성)을 주목할 필요가 있다. 후대에 유리왕 시기에 졸본을 국내성으로 수도를 천도한다. 건국 초기부터 수도가 바뀌었기 때문에 시험에 헷갈리게 출제될 수도 있다.

  1세기 고구려는 태조왕을 살펴봐야 한다. 우선 태조왕은 나이(?) 논란이 많다. 재위 기간이 53년부터 146년까지 약 93년이다. 어마어마하다. 물론 시험에는 출제되지 않는다. 업적으로는 형제 상속과 **옥저 점령**, 동예 침략과 같이 영토 확장을 한 왕이라고 볼 수 있다. 애초에 태조라는 단어가 건국한 왕에게 붙는 칭호와 같은 것인데(태조 이성계, 태조 왕건 등) 건국을 하지 않았음에도 태조라는 왕호를 부여했다는 점에서 주목할 필요가 있다.

  2세기 고구려는 고국천왕을 주목하자(179~197). 특징은 국상제(일종의 국무총리 역할로서 왕을 돕고 국정을 관할하는 신하 중에서는 최고의 직책으로 생각하면 된다)를 실시했다는 점이고, 국상제라는 제도를 통해서 국상 을파소가 고국천왕에게 진대법을 건의하여 실시했다

머릿속에 박제하는 한국사

는 점이 중요하다. 진대법은 춘대추납(봄에 빌리고, 가을에 갚는다)으로 빈민 구휼 제도다. 포인트를 기억할 필요가 있다. 또한, 고국천왕은 부족 5부를 행정 5부로 개편하였다. 이는 연맹왕국의 색채를 줄이고 지방 행정체제로 전환함으로써 중앙 집권체제로서의 왕권을 강화했음을 알 수 있다.

3세기 고구려는 약간 침체기를 겪었다. 당시 동천왕은 위나라에 병력을 보내 서안평을 침공했다. 이에 위나라는 관구검 장군을 보내 고구려를 침입하였고, 동천왕은 영토를 상실하고 동쪽으로 피난을 가게 된다. 참고로 여기에 나오는 위나라는 『삼국지』 조조가 건국한 그 위나라가 맞다.

4세기, 미천왕을 기억하자. (왕의 순서를 기억할 때는 천에 힘을 주면서 반복해서 불러 보자. 동천! 미천!) 미천왕은 낙랑군과 대방군을 축출하고, 서안평을 점령하였다. 낙랑군과 대방군은 고조선 멸망 이후 만들어진 한사군의 국가다. 이들이 축출당했다는 것은 드디어 한사군이 한반도에서 사라지며 진정한 삼국 시대가 시작된다는 것을 의미한다.

다음 왕은 고국원왕이다. 고국원왕은 원망스럽게도 백제와의 전쟁에서 패배하며 비극적으로 사망한 왕이다. 당시 백제의 왕은 근초고왕. 전성기를 구가하던 백제답게 고구려와 평양성 전투를 벌이게 되었고, 백제의 승리로 끝났다. 백제에 패배한 것도 서러운데 평양성 전투에서 국가의 지도자(고국원왕)의 전사까지 악재가 겹친 고구려는 소수림왕 시기 국가 질서를 정비하는 작업에 들어가게 된다.(소수림왕이 주목받아야 하는 이유는 앞서 선대 왕이 백제에게 비극적으로 사망했음에도 불구하고 보복이나 반격을 곧바로 하지 않고, 국가의 기틀을 다졌다는 점이다. 즉 국가의 기틀을 다진 후에 복수를 하겠다는 것이다)

소수림왕은 전진에서 불교를 수용하였고, 태학이라는 국립대학을 설치하였으며, 율법을 만들었다는 점을 주목할 필요가 있다.(율령 반포) '불태워'라고 기억하자. 불교 수용과 태학 설치, 율령 반포는 왕권 강화와 국가 체제를 정비했다는 점에서 매우 중요한 포인트다.

소수림왕 다음으로 우리가 주목해야 하는 왕은 수많은 사람이 알고 있는 광개토대왕이다. 마치 태종 이방원이 정적들을 제거한 이후, 세종 이도가 개혁 정치를 이루어 낸 것처럼 소수림왕이 국가의 내부를 다스리고 강인한 고구려를 만들어 냈다면, 다음 왕이었던 광개토대왕은 상상하지 못할 정도로 넓은 영토를 개척하게 된다. 광개토대왕은 요동 지역을 차지하였고(거란과 후연(선비족)을 공격), 백제를 공격하여 한강 이북 지역을 확보하였으며 신라를 도와주기도 하였다. 당시 신라는 백제, 가야, 왜 연합군의 공격으로 골머리를 앓다가 당시 신라의 왕이었던 내물 마립간의 요청으로 고구려의 5만 기병이 출병하여 왜군과 백제, 가야군을 격파하며 신라는 살아났다. 당시 완전히 격파당한 금관가야는 가야 연맹의 주도권을 상실하게 되었고, 대가야가 주도권을 이어받게 된다. 광개토대왕의 공격으로 가야 연맹의 권력의 중심이 이동한 것이다. 또 당시 신라 사람들이 얼마나 광개토대왕에게 고마워 했는지 경주에서 광개토대왕이 이름이 각인된 호우명 그릇이 출토되기도 하였다. 또한 광개토대왕은 영락이라고 하는 연호도 사용하였다. 연호를 사용했다는 점은 우리는 황제국이며 중국과는 다르게 독자적으로 움직이는 하나의 자주국이라는 것을 세계에 선포한 것이라고 보면 된다. 광개토대왕의 업적은 꼭 참고하고 기억해 주길 바란다.

광개토대왕릉비 정면, 1915년(조선고적도보)
(본 저작물은 공공누리 제1유형에 따라
국립문화유산연구원의 공공저작물을 이용하였습니다)

5세기, 광개토대왕의 아들 장수왕을 주목하자! 장수왕은 이름에 걸

맞게 412년부터 491년까지 79년 동안 재위했던 왕이다. 장수왕의 포인트는 남진정책이다. 우선 수도를 평양성으로 천도하였다. 장수왕은 백제와 신라를 꾸준히 공격하여 영토를 넓혔다. 백제는 한성을 빼앗기고, 개로왕이 사망하면서 백제의 명예가 크게 실추당했으며, 급하게 수도를 웅진으로 천도하게 된다. 또한 광개토대왕릉비와 중원고구려비(충주고구려비)를 설치했다는 점을 주목하자. 전성기 시절이기에 많은 업적과 국가의 자랑을 곳곳에 알리고 기록하려고 하는 마음에서 비석을 만들었으며, 아버지를 기리는 마음으로 7m 크기의 광개토대왕릉비를 만들기도 했다. 장수왕은 전성기 시절 왕이므로 주목해서 기억할 필요가 있다. 그 이후 문자명왕 시기에 최대 영토를 유지하게 된다.

7세기가 되자 고구려는 혼란을 맞게 된다. 6세기 신라와 백제의 합동 공격으로 한강 지역을 빼앗겼다. 물론 온달이 한강을 되찾아 오겠다고 가서 일부 영토를 되찾기는 하였으나 온달은 전쟁에서 전사하였다. 한편 중국은 분열을 회복하고 수나라로 전국을 통일하게 되었다.

중국의 역사는 하나로 통일되면 한반도를 공격한다는 아이러니한 특징이 있다. 그래서 그런지는 몰라도 통일된 수나라는 고구려를 침공하였다. 수나라 양제는 113만 대군을 이끌고 고구려를 침공하였는데, 고구려는 을지문덕 장군의 전략으로 청천강 지역에서 대승을 거두었다.(을지문덕의 살수대첩) 수나라는 무리하게 고구려를 공격하였으나 살수대첩 이후 국력이 크게 쇠한 수나라는 이후 고구려의 침공에 국력이 더더욱 쇠해지다가 끝내 멸망했고, 이후 중국 대륙은 고조가 중국을 다시 통일하고 당나라를 건국하게 된다. 고구려는 당나라와의 싸움을 대비해서 천리장성을 축조하여 이후 전쟁에 대비하였다.

한편 고구려 내부에서는 642년 연개소문이 군부 쿠데타를 일으켜 왕을 폐위하고, 새로운 왕을 옹립하면서 자신을 대막리지 자리에 오르게 하였다. 실질적인 권력은 연개소문에 있는 셈이다. 이를 빌미 삼아 당나라는 가열차게 고구려를 공격하였지만, 안시성 전투에서 당나라가 예상치 못하게 크게 패하여 당나라는 고구려를 자력으로는 칠 수 없다는 판단을 하게 된다. 신라는 나당연합을 제안하였고, 당나라는 이를 승낙하였다. 이때 갑작스레 연개소문이 사망하였다. 연개소문의 아들들은 서로 대막리지 자리에 오르기 위해 싸웠다. 내분이 지속되면서 결국 고구려의 국력은 크게 쇠퇴하였고, 668년 고구려는 나당연합군의 공격을 이기지 못하고 보장왕의 항복 선언으로 멸망한다. 후에 고구려를 다시 되살리기 위해 검모잠, 고연무, 안승이 고구려 부흥 운동을 하기도 했으나, 실제로 부흥하지는 못했다.

[TMI: 8세기 고구려 출신 유민 고선지 장군]

고선지 장군은 고구려 유민 출신으로 고구려 멸망 이후 당나라 정책에 의해 서쪽으로 강제 이주를 당한다. 이후 고선지 장군은 당나라에서 복무하였다. 고선지 장군은 서역 정벌에 힘을 쏟았으나, 항복한 아프가니스탄(석국) 왕을 죽이는 실수를 저지르며 중앙아시아 국가(사산 왕조 페르시아)들의 심기를 건드렸고, 고선지 장군의 부대는 탈라스 전투(751년)에서 전멸을 당하게 된다.(고선지 장군은 살았다)

고구려 인물들 쌍영총후실동벽 인물, 1915년
(조선고적도보)
(본 저작물은 공공누리 제1유형에 따라
국립문화유산연구원의 공공저작물을
이용하였습니다)

고구려 전성기 지도
(본 저작물은 공공누리 제1유형에 따라
한국학중앙연구원의 공공저작물을
이용하였습니다)

머릿속에 박제하는 한국사

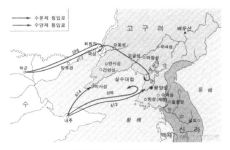

고구려 수나라 전쟁

(본 저작물은 공공누리 제1유형에 따라 한국학중앙연구원의
공공저작물을 이용하였습니다)

고구려 당나라 전쟁

(본 저작물은 공공누리 제1유형에 따라 한국학중앙연구원의
공공저작물을 이용하였습니다)

3. 백제

　기원전 18년 고주몽의 아들 온조는 한강 유역 부근에서 위례성을 중심으로 백제국을 건국하였다. (그의 형제 비류는 인천 미추홀에서 건국 활동을 하였다) 백제의 역사를 시간 순서대로 살펴보았을 때 우리는 3세기 고이왕을 살펴봐야 한다. 고이왕은 율령을 반포하고, 공복(관료들이 입는 예복)과 관등을 정비하였다. 공복 제정(관리의 옷 색깔을 관등별로 정해 주는 것을 말한다), 관등 정비, 율령 반포는 모두 왕권이 강해야지 할 수 있는 일이기에 이 시기의 백제 왕권은 강했다는 것을 알 수 있다. 또한 고이왕은 마한의 가장 중심국이었던 목지국을 무너뜨리며 백제국이 진정한 마한의 중심국이자 주도국이라는 것을 증명했다.

　4세기가 되면 백제의 전성기가 찾아온다. 근초고왕은 당시 백제를 이끌었던 군주였는데, 근초고왕의 가장 큰 특징은 영토 확장이다. 근초고왕은 고구려를 공격하여 고국원왕을 평양성 전투에서 죽였으며, 마한의 목지국을 제외한 나머지 기타 국가들을 정리하고 마한을 하나로 통합하였다. 근초고왕은 대외무역과 교류도 끊임없이 하였다. 당시 중국 남조의 동진과 수교를 하였으며, 요서 지방과 문물을 교류하고 무역을 하였다. 또 일본 규슈와도 교류하였으며, 일본에 칠지도를 하사하기도 하였다. 이후 침류왕 시기 동진에서 불교를 수용하며 백제는 고대국가가 됨과 동시에 동아시아에서 영향력을 끼칠 수 있는 강대국임을 보여 주었다.

백제 전성기의 강역
(본 저작물은 공공누리 제1유형에 따라
한국학중앙연구원의 공공저작물을
이용하였습니다)

백제 금동대향로.
시험에 자주 출제된다
(본 저작물은 공공누리 제1유형에 따라
한국학중앙연구원의
공공저작물을 이용하였습니다)

5세기는 고구려의 광개토대왕과 장수왕이 광범위한 영토 확장을 할 때다. 백제는 광개토대왕이 신라(내물 마립간)를 구원해 주면서 보여 준 강력한 군대에 큰 위협감을 느꼈다. 그리하여 백제는 비유왕 시기, 신라의 눌지 마립관과 함께 이야기하여 고구려에 대항하고자 나제 동맹을 맺게 된다. 이후 백제의 개로왕 시기 북위에 국서를 보내 고구려를 침공해 달라고 부탁하였으나, 고구려가 이를 사전에 알아내고, 백제를 침공하였다. 결국 개로왕은 고구려군의 침공으로 위례성이 함락하며 사망하였고, 백제의 문주왕은 최소한의 신하만을 이끌고 웅진(공주, 공산성)로 천도하게 된다. 더 위협을 느낀 백제는 동성왕 시기에 신라의 소지 마립간과 협의하여 결혼동맹을 맺게 되었고, 고구려와 백제가 함께 힘을 합쳐 고구려를 견제하게 된다.

백제 무령왕릉 내부
(본 저작물은 공공누리 제1유형에 따라 국립문화유산연구원의
공공저작물을 이용하였습니다)

6세기가 되자 백제는 다시 국력을 회복하게 된다. 백제는 무령왕 시기 전국에 22담로를 설치하였다. 22담로는 특별행정구역으로 22담로에 왕족을 파견하여 왕의 힘과 권위를 올리고 백제 전역에 왕의 힘이 닿게 하였다. 이후 무령왕은 중국 남조, 일본과 적극적인 무역을 하였으며, 이는 무령왕의 무덤인 무령왕릉을 통해 알 수 있다. 이후 성왕이 집권하게 되었다. 성왕은 좁은 웅진을 떠나 사비(부여)로 천도하게 된

머릿속에 박제하는 한국사

다. 또 국호를 남부여로 고쳐 백제가 진정한 부여의 후손임을 천명하였다. 마지막으로 행정구역을 5부 5방으로 개편하였다. 백제는 신라와 함께 고구려를 공격하여 한강 이남 지역을 회복하기도 하였으나, 신라 진흥왕의 배신으로 한강 이남 지역을 빼앗기게 된다. 성왕은 이를 복수하기 위해 관산성에서 전투를 벌였으나 백제가 패배하며, 성왕도 사망하게 된다.

미륵사지 서탑
(본 저작물은 공공누리 제1유형에 따라 국립문화유산연구원의
공공저작물을 이용하였습니다)

7세기 왕은 무왕을 기억하자. 무왕은 익산 미륵사(미륵사지 석탑과 동탑이 현재 남아 있다)를 설치하였다는 것과 분열된 중국을 통일한 수나라와 외교 관계를 맺었다는 점을 기억하도록 하자. 참고로 국어 시간에 나오는 〈서동요〉(선화공주와 서동)의 서동이 바로 무왕이다.

마지막으로 백제의 마지막 왕인 의자왕을 기억하자. 의자왕은 성 덕여왕(신라)을 맹렬히 공격하여 40여 개의 성을 함락시켰다. 특히나 642년 대야성 전투에서 백제는 신라의 핵심 지역인 가야 지역을 빼앗 으며 신라에게 큰 위협을 주었다. 신라는 이에 위기를 느끼고 당나라 에 적극적인 외교를 펼치며 나당 동맹을 맺게 되는 계기가 되기도 하였 다. 그리고 백제는 나당연합군의 침공으로 최종적으로 660년에 멸망 하였다. 의자왕 시기, 신라 김유신의 군대와 최후의 항전을 했던 황산 벌 전투와 계백의 3000 결사대를 기억하자. 또 마지막 수도였던 사비 성이 나당 연합군의 공격으로 멸망했다는 것도 기억하자.

머릿속에 박제하는 한국사

4. 신라

　기원전 57년, 박혁거세가 신라(사로국)를 건국했다. 신라는 문명의 중심지인 중국에서 멀리 떨어져 있기 때문에 상대적으로 전반기에는 주목받지 못한 국가였다.

　시간이 지나 기원후 4세기, 내물 마립간을 주목하자. 내물 마립간은 김씨의 왕위세습을 하였고(그전까지는 박, 석, 김 3개의 성이 돌아가며 왕을 배출했다) 마립간(왕)이라는 칭호를 사용하였으며, 광개토대왕에게 SOS를 보냈다는 점을 주목하도록 하자.

　5세기는 눌지 마립간을 기억하자. 눌지 마립간은 백제에서 공부했다시피 비유왕과 나제동맹을 체결했다는 점을 기억하자. 그리고 소지 마립간을 기억하자. 소지 마립간은 백제 동성왕과 결혼동맹을 맺었다는 점을 주목하자.

　6세기는 3명의 왕을 주목해야 한다. 앞에 있는 왕은 다 까먹더라도 지금 배울 3명의 왕을 기억하자. 순서도 중요하다. 지증-법흥-진흥. 보통 '지법진'이라고 줄여서 외우는 편이다. 우선 지증왕은 최초로 중국식 명칭인 '왕(王)'을 사용했다. 그리고 사로국이었던 국명을 '신라'로 변경하였고, 소를 농사에 이용하는 우경을 실시한 왕이다. 또한 살아 있는 사람도 함께 묻어 버리는 순장을 금지하고, 우산국(울릉도)을 복속하였다는 점을 주목하자. "섬나라 우신국~ 신라 장군 이사부 지하에서 웃는다~"와 같이 〈독도는 우리 땅〉 가사에도 들어 있기 때문에 주목할 필요가 있다.

경주 천마총 천마도
(본 저작물은 공공누리 제1유형에 따라 국립문화유산연구원의
공공저작물을 이용하였습니다)

다음 왕은 법흥왕이다. 법흥왕은 '법(法)'에다가 포인트를 주자. 왜냐하면 법흥왕 시기에 율령을 반포했기 때문이다. 또한 불교를 공인한 시기도 법흥왕 시기다. 마지막으로 건원이라는 연호를 사용하였다. 업적을 반드시 기억하길 바란다.(3명의 왕을 통해서 신라는 중앙집권적인 국가로 변모하게 되었다)

머릿속에 박제하는 한국사

불국사 석굴암

마지막으로 진흥왕이다. 진흥왕은 비석을 굉장히 많이 세웠다는 점
을 꼭 기억하자. 또한 진흥왕은 전성기의 국왕으로서 화랑도(신라에 있
었던 청소년 무사 조직이다)를 설치하고 개국과 대창과 같은 연호를 사
용하였으며, 이 시기에 거칠부가『국사』라는 역사서를 쓰기도 하였다.

7세기 왕은 여왕 2명을 기억하자. 첫째는 우리가 흔히 알고 있는 선
덕여왕이다. 선덕여왕은 첨성대, 황룡사 9층 목탑, 분황사 모전석탑을
세운 여왕이다. 그리고 비담의 난이 이 시기에 일어났는데(당시 신라

시대 최고 관직이었던 상대등에 올랐던 비담은 여왕은 나라를 잘 다스리지 못한다라는 명분으로 난을 일으켰다.『삼국사기』권5), 김유신이 진압했다는 점도 기억하면 좋다. 이 시기에 백제 의자왕은 대야성 공격을 비롯하여 40여 개의 신라성을 함락시켰다. 둘째는 진덕여왕이다. 진덕여왕은 나당동맹을 결성했다는 점과 마지막 성골 왕이라는 점을 기억하면 된다.

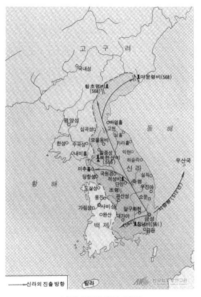

신라 전성기의 강역
(본 저작물은 공공누리 제1유형에 따라
한국학중앙연구원의 공공저작물을
이용하였습니다)

5. 가야

　가야는 전기 가야 연맹과 후기 가야 연맹으로 구분해서 알아봐야 한다. 전기 가야 연맹은 금관가야가 주도했던 시기로 덩이쇠를 비롯한 양질의 철 생산으로 막대한 부를 쌓았다. 그러다 가야 연맹은 돌이킬 수 없는 실수를 저질렀는데 그것이 바로 신라 침공이다. 고립된 신라를 공격하기 위해 백제, 가야, 왜가 연합하여 합동 공격을 하였으나, 5만 명의 고구려 기병의 도움으로 신라는 살아났고, 5만 명의 고구려 기병은 금관가야까지 가서 싹 쓸어버렸다. 이로 인하여 금관가야는 주도권을 상실하고 크게 쇠락하였다. (당시 고구려에게 연패하고 있던 백제는 고구려와 연대하고 있었던 신라를 공격하기 위해 당시 가야 연맹의 주도세력이었던 금관가야와 백제의 우방국인 일본(왜)와 손을 잡고 고립된 신라를 침공하였다)

　이에 고령에 있는 대가야가 주도권을 잡아 가야 연맹을 주도했으니, 우리는 이를 후기 가야 연맹이라고 부른다. 이들이 연맹 왕국에서 중앙 집권 고대국가로 발전하지 못한 이유는 바꿀 이유가 없기 때문이다. 연맹 왕국 상태임에도 충분히 많은 양의 철을 수출하여 부를 창출했기 때문에 굳이 서로 전쟁을 할 필요가 없는 것이다. 물론 시간이 흐르고 난 뒤에 금관가야는 신라 법흥왕에게, 대가야는 신라 진흥왕에게 항복하면서 가야의 역사는 끝이 난다. 시험에서는 금관가야를 물어볼 때, 김해 대성동 유적지가 나오며, 대가야는 고령 지산동을 가르치며 물어본다. 마지막으로 가야는 김수로가 건국하였다. 「구지가」라는 시가 여기서 나왔다.

가야국의 갑옷
(본 저작물은 공공누리 제1유형에 따라
국립공주박물관의 공공저작물을
이용하였습니다)

　　　　　　　　　　　머릿속에 박제하는 한국사

6. 삼국 통일기

  진덕여왕 시기, 김춘추는 중국으로 건너가서 당나라 태종에게 군사 동맹을 제안했다. 결과는 성공이었다. 이를 우리는 나당동맹이 결성되었다고 표현한다. (신라의 라와 당의 당을 합쳐 라당동맹!) 한편 신라는 성골의 대가 끊겨, 진골이 왕에 즉위하게 되는데, 그 사람이 바로 김춘추. 그는 태종 무열왕이라는 이름으로 신라 국왕 자리에 오르게 된다. 나당연합군이 첫 목표물은 백제였다. 황산벌 전투로 계백의 최후 부대가 전멸하였고, 백제의 수도 사비성이 함락당하며 660년 백제는 멸망하였다. 물론 이렇게 쉽게 끝나지는 않았다. 백제의 왕자 부여풍이 우방국 일본으로 건너가 지원을 받아 백강에서 백제 부흥군과 나당 연합군의 전쟁이 이루어졌다. 백제-왜 VS 신라-당이라는 국제적인 전쟁이 펼쳐졌는데 결과적으로는 나당연합군의 승리로 이 백강전투는 마무리된다. (백제 부흥 운동의 대표적인 인물로는 흑치상지, 복신, 독침이 있다)

  백제가 끝이 나고, 다음 타깃은 바로 고구려. 고구려 또한 최후의 항전을 하였으나, 나당연합군의 공격으로 평양성이 함락하며 보장왕 시기에 멸망하였다. (668년) 고구려 또한 부흥운동이 일어났는데 대표적으로는 안승이 보덕국을 건국하고 일으킨 고구려 부흥운동이 있다. 백제와 고구려가 순차적으로 멸망하고, 나당연합군의 승리로 끝이 나는 듯하였다.

그러나 당나라는 백제 지역에 웅진 도독부라는 관청을, 고구려 지역에 안동 도호부를 설치하였다. 또한 신라 지역에는 계림 도독부를 설치하였다. 도독부는 관청 성격을 띤다. 즉 도독부는 식민지 건설과 같은 행위였다. 신라 또한 가만히 있지 않았다. 전쟁이 일어난 것이다. 그렇게 나당전쟁이 시작되었다. 대표적인 전투로는 매소성 전투(676년 9월)와 기벌포 전투(676년 11월)가 있다. 이 두 개의 전투 모두 신라의 대승으로 끝이 났다. 그렇기에 암기의 중요성이 강조되는 것이다. 결국 당나라는 한반도 세력권에서 손을 떼었다.

그렇게 신라의 삼국 통일이 이루어진 것이다. 비록 외세의 손을 빌려 삼국 통일을 이루어 냈다는 대외적 한계가 있었지만, 한반도가 하나의 국가로 통합된 것은 의미 있는 것이다. 당시의 신라 국왕은 문무왕이다. 문무대왕릉의 문무왕이 맞다.

머릿속에 박제하는 한국사

7. 중요

삼국 시대는 각 시대의 왕과 업적을 연결해서 암기하는 것이 무엇보다도 중요하다. 필자가 이렇게 스토리텔링으로 쓴 것은 어디까지나 이해를 위해서다. 단순하게 수학 공식 연결하듯, 왕과 업적을 차례대로 체크하길 바란다. 이는 이후 고려, 조선을 비롯해서 광범위하게 적용되는 것이니 반드시 파악하길 바란다.

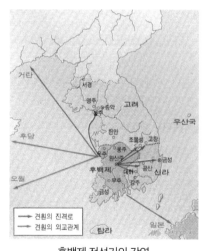

후백제 전성기의 강역
(본 저작물은 공공누리 제1유형에 따라
한국학중앙연구원의 공공저작물을
이용하였습니다)

8. 남북국 시대

가. 통일 신라 시대

통일 신라는 2명의 왕을 기억하자. 첫째는 문무왕이다. 문무왕은 삼국통일을 완성한 왕이다. 문무왕의 업적은 외사정이라고 하는 관리를 파견한 것이다. 외사정이 무엇인지 한번 보면, 지방관을 감찰하기 위해서 만든 자리다. 결론적으로 문무왕은 삼국통일 완성, 외사정 파견 2가지 키워드를 기억하도록 하자.

2번째로 기억해야 할 왕은 신문왕이다. 신문왕은 정말 많은 업적이 있기 때문에 순서대로 리듬 있게 외워 주기를 바란다. 첫째는 김흠돌의 난(반란 모의)을 진압했다. 김흠돌을 비롯한 진골 세력을 숙청함으로써 왕권의 힘을 강화했다. 둘째는 지방행정제도를 정비하였다. 9주 5소경이라고 부르는데, 국토를 9개의 주로 나누고, 광역시와 비슷한 성격의 도시를 전국에 5개 설치했다는 특징이 있다. 셋째는 관료전을 지급한다는 것이다. 관료전이란 수조권(조세징수권)을 행사하는 토지를 관료들에게 주는 것인데, 원래는 녹읍이라고 해 가지고 수조권 + 노동력 사용권을 주었다는 것에 차이점이 있다. 따라서 신문왕은 녹읍을 폐지하고 관료전을 관료들에게 부여함으로써 관료들의 힘을 약화시키

는 데 성공했다. 넷째는 국학을 설립했다는 것이다. 대학교와 비슷한
성격이라고 볼 수 있다.

[TMI]

성덕왕이 정전을 지급했다는 문제가 출제될 수 있다. 정전이라고 하는 것은
토지 소유권을 증명해 주는 증서와 비슷한 성격을 갖고 있다.

나. 통일 신라의 통치 체제

통일 신라 행정구역
(본 저작물은 공공누리 제1유형에 따라
한국학중앙연구원의 공공저작물을
이용하였습니다)

중요하게 기억해야 할 포인트
는 상수리 제도다. 상수리 제도
란 지방 세력을 견제하기 위해
서 향리를 일정 기간 수도인 금성
(경주)에 머물게 하는 제도다. 약
간 일본의 산킨코타이 제도, 왕건
의 기인 제도와 비슷한 성격을 갖
고 있다.

또 군사 제도를 하나 더 기억해
주자. 9서당 10정이라는 키워드
자체를 기억하면 좋은데, 9서당
이라고 하는 것은 중앙군을 뜻하
는 것이고, 10정이라고 하는 것은 지방군을 뜻한다. 앞전에 전국을 9개

의 주로 나눈다고 설명하였다. 각 주마다 1개의 지방군을 파견하는 것이고, 넓은 국경선을 접하고 있는 주에는 1개의 지방군을 더 파견하는 것이기에 10이라는 숫자기 나온 것이니 참조 바란다.

다. 발해

발해는 4명의 왕을 기억하자. 첫째는 발해를 건국한 대조영이다. 대조영(고왕)은 고구려 유민을 이끌고 만주 동모산에서 나라를 세웠다. 또한 고구려 계승 의식을 뚜렷하게 내뿜고 있는 국가라는 점을 상기해 주기를 바란다. (일본에 국서를 보낼 때, 고려 국왕이라는 명칭을 사용했다는 것과 고구려 문화와 비슷한 발해 유물(**온돌**, 이불병좌상, 석등 등)이 출토되었다는 점도 많이 출제된다)

두 번째로는 무왕(대무예)을 기억하자. 무왕의 업적을 쉽게 외우는 방법은 무왕의 무가 武(무신 할 때 무)라고 생각하면 이해하기 싶다. 무왕은 인안이라고 하는 연호를 사용했다. 그리고 당나라 산둥반도를 장문휴 장군을 시켜 격파했다는 점을 기억하면 된다.

세 번째로는 문왕(대흠무)을 기억하자. 문왕은 대흥이라고 하는 연호를 사용하였고, 수도를 상경 용천부로 천도하였다는 큰 파트만 기억해 주자.

네 번째로는 선왕(대인수)을 기억하자. 선왕은 고구려의 옛 땅을 회복한 것과 더불어 더 큰 영토를 확보하였다. 이 당시의 발해는 해동성국(바다 동쪽에 있는 성스러운 국가)로 불렸을 정도이니 상당한 전성기를 구가했다고 볼 수 있다.

발해 이불병좌상
(본 저작물은 공공누리 제1유형에 따라
한국학중앙연구원의 공공저작물을 이용하였습니다)

발해의 통치 체제는 당나라의 3성 6부 체제를 가져왔다. 그러나 독자적으로 기관의 이름을 바꾸어 사용하였다는 점과 정당성의 장관이었던 대내상이 국정을 총괄했다는 점을 차이점으로 뽑을 수 있다. 또한 발해는 **중정대**라고 하는 관리 감찰기구(감사원)과 **주자감**이라고 불리

는 국립 대학교 성격의 학교가 있었다. 마지막으로 발해는 5경 15부 62
주라고 하는 굉장히 거대한 지방행정체제를 갖추고 있었다는 것까지
인지하도록 하자.

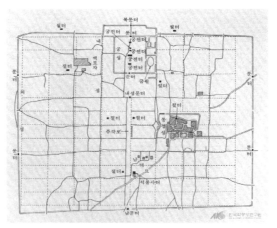

발해의 수도 모습(상경용천부). 중국 장안성을 본따서 네모난
형태로 만든 흔적을 볼 수 있다. 왕궁 앞은 주작대로를 건설하
여 중심이 되는 거리를 만들었으며 이 또한 중국 장안성을 본
따 만든 흔적임을 알 수 있다.
(본 저작물은 공공누리 제1유형에 따라 한국학중앙연구원의 공공저작
물을 이용하였습니다)

라. 통일 신라의 말기

한마디로 개판이었다. 왕권이 약화되어 중앙정치의 힘이 지방까지
미치지 못하였고, 지역 맹주의 힘이 지방에서 가장 강력한 영향력을 끼
치는 시대였다. 그들을 호족이라고 부른다. 호족은 성골, 진골이 아니

라 중요 핵심 관직 진출에 제한을 받았던 6두품 세력과 훗날 손을 잡고 후삼국 시대의 개막을 열게 된다. (참고로 6두품 세력은 능력을 당나라 빈공과 시험에 합격함으로써 증명하고 중국에서 출세하였다. 대표적으로 최치원이라고 하는 사람이 있었다) 통일 신라 말기의 왕은 3명의 왕을 스쳐 지나가며 익히면 된다. 첫째는 원성왕이다. 원성왕은 독서삼품과를 실시하여 관리를 채용하려 하였으나, 귀족들의 반발로 실패했다. 헌덕왕은 김헌창의 난(국가 전복 반란 사건)을 진압했다. 마지막으로 진성여왕 때는 진상의 시대였는데, 원종과 애노의 난(조세가 걷히지 않자 독촉을 하였는데 조세에 허덕이고 있었던 백성들이 화가 머리끝까지 난 사건이다)이 일어났고, 최치원은 시무 10조를 진성여왕에게 올리기도 하였다. 지금 공부한 왕 3명은 시험 출제 빈도가 낮으므로 파악만 하는 것이 좋겠다.

마. 고대의 경제·사회

키워드 중심으로 간단하게 넘어갈 것이다. 통일 신라는 당항성(무역 도시, 한강 유역)과 울산항이 국제항구였다. 장보고가 세운 청해진은 완도에 설치되었는데 국제 무역 거점이자 동아시아 해상의 치안을 담당했다. 동시전이라고 하는 시장이 경주에 열렸으며, 민정문서라고 해서 조세와 노동력의 정확한 파악을 위해 기록한 빅데이터가 신라의 기록물로 출토되었다. 발해에는 신라도, 거란도와 같은 무역루트(길)이 있었다.

삼국의 귀족회의는 꼭 기억해야 한다. 고구려는 제가회의, 백제는 정사암회의, 신라는 화백회의. 꼭 기억해 주길 바란다.

신라는 골품제라고 하는 특이한 신분제도가 있었다. 골품에 따라 관직 진출의 한계가 있었기 때문에 굉장한 차별이 있었다고 볼 수 있고, 앞전에 말했다시피 6두품 인재들은 당나라로 유학을 가서 자신의 능력을 펼쳤다.

고대의 불교는 3명의 스님을 기억하자. 첫째는 원효대사다. 설총의 아버지인데, 일심 사상(모든 진리가 마음에서 나온다)을 주장했다. 두 번째는 의상이다. 의상은 화엄종을 정리하였고, 관음 신앙을 강조했다. 디테일하게 들어가면 어려워지니 키워드만 파악하자. 마지막으로 혜초다. 혜초는 인도와 중앙아시아를 여행한 기록물인『왕오천축국전』을 저술하였다. 연결해서 기억하도록 하자.

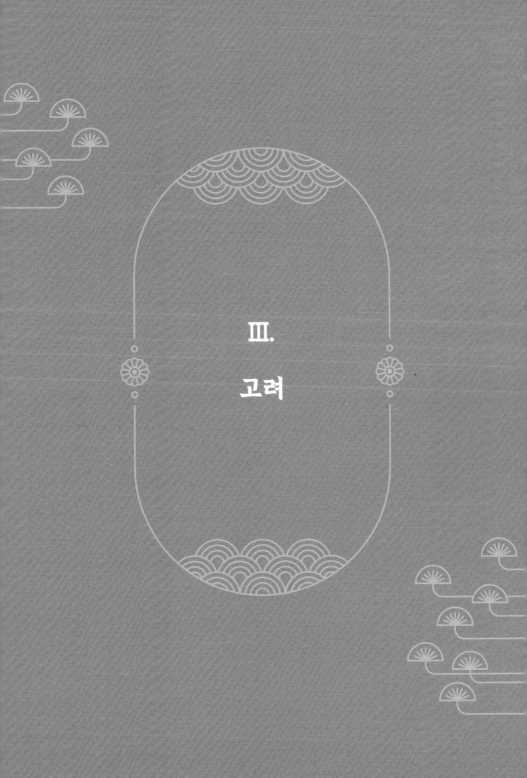

Ⅲ.

고려

[들어가기 전에 알아 두면 좋은 내용]

고려는 5단계로 분류할 수 있다.

- 고려 초기(왕건 건국~고려 성종/호족 집권기)
- 고려 중기(문벌귀족 집권기)
- 무신 집권기
- 원나라 간섭기(권문세족 집권기)
- 고려 말기(신진사대부 등장 시기)

　고려 시기는 각 시대의 주도세력이 누구냐에 따라서 구분할 수 있다. 고려 초기는 지방의 호족의 힘을 다스리고 통합하는 호족의 시대로 볼 수가 있고, 두 번째는 호족과 개국공신 세력들이 고착화되어 세력을 형성한 문벌귀족 집권기, 무신정변을 통해서 주요 세력이 된 무신 집권기, 원나라가 간접적으로 고려를 통치한 원나라 간섭기, 마지막으로 고려 말, 새로운 신흥세력인 신진사대부의 등판을 볼 수가 있다.

　　　　　　　　　　　　　　　머릿속에 박제하는 한국사

1. 고려 초기
(태조~성종, 후삼국 통일~서희 담판)

고려 초기는 호족 집권기다. 각 왕과 업적을 연결해서 외우길 바란다.

가. 고려 건국 과정

고려 건국의 기원은 왕건이 아닌 궁예로 거슬러 올라간다. 신라 왕자 출신인 궁예는 901년 송악 지역을 도읍으로 삼고 후고구려를 건국하였다. 초기에는 나라를 잘 운영하였으나, 국호와 수도를 자주 바꾸고(국호: 901년 후고구려 → 905년 마진 → 911년 태봉, 수도: 901년 송악 → 905년 철원) 본인을 미륵으로 칭송하고 폭군의 행동을 취하자 궁예의 휘하 장수이자 송악의 지주 세력가인 왕건과 신하들의 반란으로 궁예는 쫓겨나게 되었고, 918년 수도는 송악(918년 천도)으로 하고 918년에 건국하게 되니 이게 바로 고려의 시작이다. 이후 공산전투에서 후백제에게 패배하여 국력이 약해지는 듯하였으나, 고창전투에서 후백제를 상대로 대승했다는 것, 후백제의 국왕이었던 견훤이 투항했다는 점, 거란족의 침략으로 멸망한 발해국의 발해 유민들(발해 왕자 대광현의 귀순)이 고려로 귀순했다는 점, 신라왕(경순왕)이 항복했다는 점, 마지막으로 일리천전투에서 후백제의 신검과의 전쟁에서 고려가 대승했다는 점을 통해서 후삼국을 통일하였다.

901년 후고구려 건국 → 904년 국호 마진으로 변경 → 905년 철원으로 천도 → 911년 대봉으로 국호 변경 → 918년 고려 건국 → 919년 송악으로 천도 → 926년 발해 멸망으로 인한 유민 대광현과 발해 유민들 고려로 귀순 → 927년 공산(대구)전투 → 930년 고창(안동)전투 → 935년 신라 경순왕의 항복 → 936년 일리천(구미)전투

[TMI]

태봉이 고려의 국호였을 때 수덕 만세라는 연호를 사용하였다. 연호는 황제들만 사용할 수 있는 특권과도 같은 거였다.

나. 주요 국왕과 업적

918년 고려를 건국하고 936년 후삼국을 통일한 왕건은 각종 민생정책을 펼치며 신생국가 고려를 안정화하고 번영시키려고 노력하였다. 태조 왕건은 흑창을 설치하여 민생 안정에 힘을 썼다. 흑창은 빈민 구휼 제도로 춘대추납으로 요약할 수 있다.(취민유도 정책도 펼쳤다. 쉽게 설명하면 높은 조세율을 10%로 낮춰 주었다는 것이다) 그리고 호족 통합책을 펼쳤다. 첫째는 공로와 인품에 따라 공신에게 지급하는 역분전을 지급했다. 또한 지방 호족들의 여성들과 결혼하여 한 가족(식구)을 형성하여 지방 호족과 중앙 귀족 간의 갈등을 봉합하고 사회를 통합하려고 하였다.(왕건은 29명의 부인을 두었다. 우리는 이 정책을 왕건

의 호족 통합 정책 중 결혼 정책이라고 부른다. 또한 사성 정책노 왕건 시기에 시행하였는데 사성 정책이란 왕씨 성을 지방의 호족에게 하사해 준다는 뜻이다. 이 제도 또한 지방 호족 통합 정책으로 볼 수 있다. 자기 자신이 지방 호족으로서 중앙에 칼을 겨누고 왕이 되었기에 지방 호족에 대해 신경을 많이 썼다)

주목할 점은 호족을 견제하는 정책도 펼쳤다는 점이다. 대표적으로 기인 제도와 사심관 제도를 볼 수가 있다. 기인제도는 향리의 자제를 수도인 개경으로 올려 중앙 귀족과 함께 지내게 하여 지방 귀족이 자신의 자제를 고려하여 반란을 못 일으키게 하는 제도고, 사심관 제도는 신라의 마지막 왕 김부에게 경주 자치권을 부여한 것이라고 볼 수가 있다. 그리고 후대 왕들에게 올바른 길을 안내하겠다고 쓴 훈요 10조가 태조 왕건의 업적이 되겠다.

두 번째로는 광종을 주목하자. 광종은 광덕, 준풍이라는 연호를 사용하였다. 광종이니깐 광덕이라고 생각하자. 또한 개경을 황도라고 하는 등 자신을 황제국의 황제로 격상시켜 불렀다. 고려를 황제국으로 높인 것이다. 또한 광종은 과거제를 실시하였다. 쌍기의 건의로 이루어진 정책이다. 과거제를 실시함으로서 똑똑한 사람을 뽑을 수 있도록, 능력 있는 인재를 중앙에 등용할 수 있도록 만들었다. 그리고 노비안검법을 실시하였다. 억울한 노비를 양인으로 풀어 주는 정책으로서 호족의 힘을 약화시키는 정책이자 왕권을 높이고, 양인이 된 억울한 노비들이 세금까지 납부하게 되니 세수의 확장을 꾀할 수 있는 정책이라고 볼 수 있다. 마지막으로 신하들의 등급과 신하들의 옷의 색깔을 규정하는 제도인 공복 제정을 하였다.

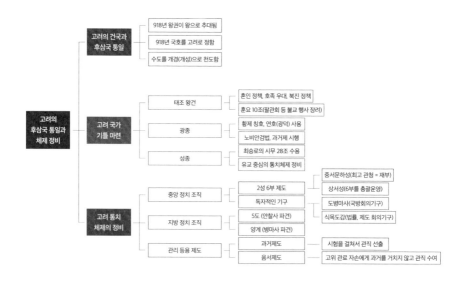

세 번째로는 성종을 주목하자. 성종은 최승로의 시무 28조를 수용한 왕으로서 유교 통치이념을 국가의 근본이념으로 만들고자 하였다. (자연스럽게 불교를 배척하게 되었다) 12목이라고 불리는 지방행정제도를 설치하였다. 또한 향리제를 정비하였다. 최승로의 시무 28조와 12목이라는 키워드를 기억하도록 하자. (성종은 국자감이라고 하는 국립대학을 설치하였다. 또한 연등회, 팔관회를 폐지하였다. 연등회와 팔관회는 불교 행사이기 때문에 유교 통치이념을 중심으로 하고 있는 성종과 최승로의 이념과는 맞지 않았다. 또한 성종은 경학박사(지방에

파견된 교수직)와 의학박사(의학교육을 담당하던 관직)를 파견하였고, 당의 영향을 받아 2성 6부 제도를 정비하였다)

다. 중요 제도와 외교관계

당시 중앙정치조직은 단순하게 키워드로 이야기하면 2성 6부 제도를 꼽을 수 있다. 당나라의 3성 6부 제도를 모티브로 만든 제도다. 여기서 중요한 기구가 있다. 바로 도병마사(국방을 논의하는 임시 회의 기구다)와 식목도감(법제와 격식을 다루는 임시 회의 기구다)이라고 불리는 기구다. 이 2가지 기구는 당나라와는 다른 고려의 독자적인 제도라는 점에서 주목해서 볼 수가 있다. 지방 행정제도로는 전국을 5도로 나누어 안찰사를 파견했다는 점과 국경선 근처 지역을 양계를 설치하여 병마사를 파견했다는 점을 볼 수가 있다.

당시 고려의 외교 관계에서 가장 중요한 국가는 바로 거란이었다. 거란은 지금의 만주 지방을 중심으로 움직였던 세력이었다. 거란과 고려의 관계는 시작부터 좋은 편은 아니었다. 태조 왕건이 재위하던 시절, 거란이 보낸 낙타 50마리 선물을 만부교라고 하는 다리에 매달아 생으로 굶겨 죽인 사건 이후로 고려와 거란은 관계가 좋지 않았다. (만부교 사건) 거란은 총 3번의 침입을 하였는데, 시험에서는 1차 침입과 3차 침입이 자주 출제된다. 우선 1차 침입을 보자면, 고려 성종이 재위하던 시절 거란 장군 소손녕이 고려를 침범하였다. 고려에서는 서희라고 하는 외교관을 파견하여 담판을 지었다. 공격을 막으려고 외교관을 보냈으나, 서희는 오히려 강동 6주라고 하는 영토를 거란으로부터 가져오게 되었다.(993년) 다음 3차 침입은 고려 현종 시기에 일어났다. 3차 침입을 격퇴한 고려의 장수는 강감찬 장군이다. 거란은 강동 6주를 반환하라고 요구하며 고려를 침입하였는데, 강감찬 장군은 귀주 대첩을 통해 수만 명의 거란군을 물리쳤다.(1019년) (2차 침입은 거란군이 강조의 정변(고려의 관리 강조가 목종을 폐위시키고 현종을 옹립한 사건을 말한다)을 제압한다는 구실로 고려를 침공했다. 무신 양규가 홍화진 전투에서 승리하면서 거란군을 제압하였다)

[TMI]

추가적으로 공부를 해야 하는 고려 제도는 2가지가 있다. 첫째는 향, 부곡, 소라고 하는 특수행정구역이다. 향, 부곡, 소는 말 그대로 고려의 특수행정구역이다. 부곡은 농업 중심의 특수행정구역이고 소는 수공업 중심의 특수행정구역이다. 특수행정구역은 다른 지역과는 다르게 정부의 유다른 감시와 제제를 당했다. 대표적으로는 거주 이전의 자유가 없었으며, 과거 응시 자격도 없었다. 국자감 입학 자격도 없었고, 조세 부담이 다른 지역과는 다르게 유달리 높았다. 이런 차별을 받은 향, 부곡, 소의 주민들은 후에 쌓인 불만이 폭발하게 된다. → 망이, 망소이의 난, 1176년

두 번째는 5도 양계를 뽑을 수 있다. 고려는 전국을 5도와 양계로 구분하여 통치하였다. 마치 대한민국을 경기도, 충청남북도, 경상남북도, 전라남북도 등등 여러 개의 도와 세종특별자치시, 서울특별시와 같은 특별자치시와 특별자치도 등으로 나눈 것처럼 고려 시대에는 5개의 도와 양계로 구분하였는데, 양계가 시험에 잘 나온다. 우선 5도는 행정적 성격이 굉장히 강하다. 주민들

머릿속에 박제하는 한국사

의 인원수를 파악하고 토지 결수를 파악하여 세금을 수월하게 걷으려고 하였다.(안찰사를 파견하였다. 도지사와 비슷한 느낌이다) 그리고 양계는 군사적 성격이 강한 지역이다. 고려의 국경선과 해안선을 접하고 있는 2개의 지역을 구분하여 양계(북계, 동계)를 만들었고 병마사를 파견하여 국방 해안 경비에 주안점을 두었다. 마지막으로 고려군은 중앙군과 지방군으로 나뉘고, 중앙군은 2군(왕위 친위대)과 6위(수도 방위군)으로 구성되어 있고, 지방군은 주현군과 주진군으로 나뉘는데, 주현은 치안 유지와 외적 방어에 초점을 두었고, 주진군은 양계에 주둔하고 있는 상비군을 뜻한다.

고려 지도, 오도 양계
(본 저작물은 공공누리 제1유형에 따라 한국학중앙연구원의
공공저작물을 이용하였습니다)

2. 고려 중기(문벌귀족 집권기)

　고려 중기는 문벌귀족이 주도적으로 집권했던 시기다. 여기서 문벌 귀족이란 고려 초기에 주도권을 잡았던 호족과 신라 시대 6두품 세력들이 대를 이어 가며 주도권을 잡아 갔는데, 지속적으로 관료를 배출한 가문들을 말한다. 이 시기에는 2가지의 사건이 시험에 출제된다. 이 사건들이 발생한 핵심적인 이유는 문벌 귀족이 권력을 독점한 것에 대해서 반발을 일으키기 때문이다. 이제부터 2가지 핵심적인 사건들을 보도록 하자.

가. 이자겸의 난(1126)

　이자겸은 문벌 귀족 중에서 강한 힘을 갖고 있었던 귀족 중 하나다. 이자겸은 당시 인종의 장인이자, 인종의 외조부였다. 이자겸의 전략은 자신의 딸들을 왕들에게 시집을 보내 왕실과 이자겸의 가문을 엮는 것이었다. 강력한 왕실의 외척이 된 이자겸은 권력을 독점하였다. 반면 당시 고려의 왕 인종은 왕실의 권력이 약한 점을 타파하고자 노력하였다. 이에 반발한 이자겸은 척준경과 함께 난을 일으켰다. 흥미로운 점은 인종이 척준경을 설득하여 자신의 편으로 만들었고, 척준경은 인종의 말을 듣고 이자겸을 처리하였다. 그렇게 난을 제압하였다.

나. 묘청의 난(1135)

고려 인종은 무너진 왕실의 권위를 높이기 위해 부단히 노력하였다. 왕권을 높이기 위해 가장 확실한 방법은 새로운 왕궁을 건설하는 것이다. 당시 고려의 수도는 개경이었는데, 인종은 새로운 지역을 수도로 삼고 싶었다. (국정을 새롭게 주도하고 장악하기 위해서는 기존 세력의 힘을 약화시켜야 하기 때문이다) 마침 묘청이라고 하는 스님이 서경(평양)을 수도로 추천하였고, 인종은 그 제안을 솔깃하게 생각하였다. 반면 개경(개성)을 중심으로 세력을 형성한 김부식은 이에 크게 반발하였고, 이는 국가 내 또 다른 분열이 되었다. 묘청은 서경으로 천도하고 금국(여진국)을 정복하며, 칭제건원(왕을 황제로 격상하고, 황제만 사용할 수 있는 연호를 사용하자는 뜻이다)을 하자고 주장하였다. 반면 개경파는 극구 반대하였고 결국 개경파를 이기지 못하고 서경 천도는 실패하고 만다. 묘청은 이에 반발하여 대위라는 국호와 함께 천개라는 연호를 사용하며 난을 일으켰으나, 김부식과 관군에 의해 진압당하며 끝이 난다.

김부식 초상화
(본 저작물은 공공누리 제1유형에 따라
한국학중앙연구원의 공공저작물을
이용하였습니다)

3. 무신 집권기

　문벌귀족이 중심이 된 이후, 고려 내에서는 문신을 무신보다 더 우대하는 사회 풍조가 생기게 되었다. 자연스럽게 문신들에게 차별을 받은 무신들은 화가 쌓였다. (무신 정중부가 김부식의 아들 김돈중에게 수염이 태워지는 모욕을 당하는 사건이 있었다. 무신은 문신들과는 다르게 진급에 대한 차별도 있었으며, 군부대의 최고 지휘관도 무신이 아닌 문신이 맡았다) 그러다 정중부, 이의방과 같은 무신들이 문신들에 대한 차별에 분노를 참지 못하고 정변을 일으켜 문신들을 제거하였다. 무신 정변이 발생한 것이다. (1170년) 무신들은 의종을 폐위하고, 명종을 임금으로 세우며 정권을 장악하였다.

　무신 정권은 무려 100년에 걸쳐 지속했다. 초기 무신 집권기에는 많은 무신(정중부, 경대승, 이의민)이 배신하며 혼란의 도가니였다. 그러나 최충헌이 집권을 하면서 무신 집권기에도 안정화가 왔다. 우리는 이 시기를 최씨 정권이라고 하고, 60년 동안 이어졌다. 최충헌은 봉사 10조를 제시하고 교정도감을 설치하였다. 교정도감은 국정 총괄 기구 역할을 하였다. 최우는 정방(인사기구)과 서방(문신 자문 기구)을 설치하였고, 삼별초를 조직하였다. 삼별초는 좌별초, 우별초, 신의군으로 구성된 군대다. 나중에 엄청난 활약을 한다. 또한, 최우 시기에 몽골의

　　　　　　　　　　　　머릿속에 박제하는 한국사

침입이 있었는데, 최우는 강화도로 천도하여 몽골과의 장기전을 준비하였다.

사실 무신 집권기 시절에는 엄청난 혼란이 발생하였다. 계급사회에서 계급이 무너졌기 때문인데, 정말 많은 난(難)이 일어났다. 대표적으로 망이·망소이의 난과 만적의 난이 있다. 또한, 의종을 강제로 폐위한 것에 반발하여 김보당이 봉기한 사건인 김보당의 난과 정중부를 제거하기 위해 난을 일으킨 조위총의 난도 혼란한 상황을 보여 주는 사건 중 하나다.

[TMI: 고려 전기 대외관계 정리]

고려 숙종 시기에 고려는 여진이라고 하는 북방의 민족에게 고통받고 있었다. 이를 타파하고자 숙종은 별무반을 설치하였는데, 별무반이란 신기군(기마병), 신보군(보병), 항마군(승병, 승려들로 이루어진 병력)으로 구성되었으며 윤관이라고 하는 신하의 건의로 만들어졌다. 이후 고려 예종 시기에는 윤관이 별무반을 이끌고 여진을 정벌하였으며, 정벌한 영토에는 동북 9성을 축조하여 고려의 영토를 개척하였다. 물론 시간이 지나자 발생한 문제가 있었는데, 그것은 바로 동북 9성의 유지비였다. 높은 유지비를 감당하지 못한 고려는 2년이 지난 후 여진에게 반환하게 된다. 시간이 흘러 여진은 힘을 키워 금나라를 건국하게 되었고, 금나라는 요나라(거란)를 멸망시킨 이후에 고려에 사대를 요구하였다. 당시 고려의 실질적인 집권자는 이자겸이었는데, 이자겸은 이를 수용하고 금나라와 사대를 맺는다. 여기까지가 시험에 나오는 여진과 고려와의 대외관계다.

두 번째로 잘 나오는 대외관계는 고려와 몽골과의 대외관계이다. 몽골은 세 번의 침입을 하였는데 포인트만 잘 잡아서 기억한다면 헷갈리지 않고 문제를 풀 수 있다. 1차 침입의 포인트는 1차 침입의 원인이다. 몽골 사신 저고여가 고려 국경에서 피살당하였는데, 이를 구실로 몽골이 침입하였다. 2차 침입은 고려 조정에서 다루가치(원나라의 고려 간섭 요원들) 72명을 전부 살해하면서 발발하였다. 첫 번째 포인트는 당시 무신 집권기였던 지도자 최우는 몽골과의 장기전을 대비하기 위하여 강화도로 천도하였다는 것이다. 2번째 포인트는 승려 김윤후가 몽골 장수 살리타를 살해하여 몽골군을 격퇴했다는 것이다. 이는 처인성전투로 기억되고 있다. 3차 침입의 포인트는 2가지가 있다. 첫째는 황룡사 9층 목탑이 몽골군에 의하여 소실되었다는 것이고, 둘째는 몽골군을 몰아내기 위해 팔만대장경을 만들기 시작하였다는 것이다.

윤관의 여진 정벌 상상도
(본 저작물은 공공누리 제1유형에 따라 전쟁기념관의
공공저작물을 이용하였습니다)

머릿속에 박제하는 한국사

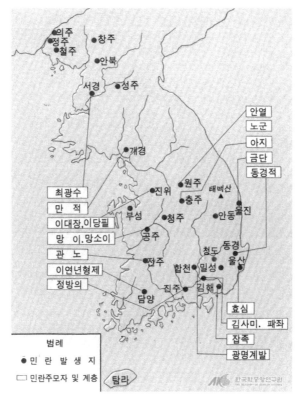

고려 무신 정권기의 민란 지도

(본 저작물은 공공누리 제1유형에 따라 한국학중앙연구원의
공공저작물을 이용하였습니다)

4. 원나라 간섭기(권문세족 집권기)

　폴란드까지 공격하며 당시 전 세계에서 가장 강력한 군사력을 갖추고 있었던 몽골군을 고려가 막기에는 역부족이었다. 강화도에서 최후의 대몽 항쟁을 준비하였지만, 무신 정권 자체가 혼란한 상황을 이겨내지 못하고 무너지고 말았고 당시의 태자였던 원종은 몽골과 강화를 맺게 되었다. 그러나 무신 정권 체제에서 만들어진 삼별초라고 하는 특수부대는 몽골과의 평화를 원치 않았다. 삼별초는 원종의 강화협정과 개경 환도에 반대하고 강화도, 진도, 제주도를 거치며 끝까지 항쟁하였으나, 제주도에서 진압되고 말았다.

　원나라(몽골)는 고려를 직접 지배를 하지 않고, 간접적으로 통치하기로 하였다. 원나라 간섭기가 시작된 것이다. 간접 통치는 쉽게 설명하면, 고려 왕실은 유지하되 원나라 직속 견제기구를 설치하고 고려 왕실의 재량을 축소하는 것이다. 실제로 원나라는 고려에 내정간섭을 하기 위해 수많은 정책을 펼쳤다. 대표적으로 5가지가 있다. 첫째는 원나라의 일본 침공을 위해 고려군을 동원하였다. 그로 인하여 고려군 상당수가 일본 원정에서 전사하였다. 둘째는 고려의 중앙 관제와 왕실의 호칭을 격하하였다. 왕의 시호를 붙일 때는 몽골에게 충성하라는 뜻에서 충성할 충 자를 앞에다 붙였다. 셋째는 쌍성총관부, 동녕부, 탐라총

관부와 같은 원나라 직속 기구를 설치함으로써 고려의 영토 중 핵심적인 지역을 상실하였다. 또한, 정동행성이라는 내정간섭 기구를 설치하였고, 다루가치라고 하는 감찰관을 파견하여 고려 왕실에서 허튼짓하지 않도록 견제하였다.

원나라 간섭기 이후 고려 사회는 완전히 변했다. 우선 고려의 중심 세력이 무신에서 권문세족으로 변하였다. 또한, 고려 사회 내부에서는 몽골풍이 크게 유행하여 변발이나 족두리, 호복(오랑캐들의 복장, 몽골인들의 의복)을 고려 사람들이 입고 사용하기 시작했다.

[TMI: 고려의 문화재]

고려청자, 청기와, 청자 타일은 만들기 제일 어려운 기와이자 문화재이다. 청색 도자기를 만들 수 있는 조건은 세 가지다. ① 좋은 점토가 있어야 한다. ② 풍부한 장작(나무)이 있어야 한다. ③ 교통이 원활해야 한다. 조기에는 개성(고려 수도) 근처에서 가마터를 만들어 생산하려고 하는 흔적이 있었다. 개성, 황해도 봉산군 등에 가마터가 있었지만, 청기와가 발굴되지 않았는데 후에 발굴 조사를 해 보니 전라남도 강진군에서만 전체 가마터의 50%인 188기가 발굴되었다. 청기와는 지금까지도 전라남도 강진군의 상징이 되었다.

5. 고려 말기(신진사대부 등장 시기)

충렬왕, 충선왕, 충숙왕, 충혜왕, 충목왕, 충정왕과 같이 원나라에 비굴하게 굴복하였던 이름과 달리 충을 벗어던진 고려의 국왕이 있으니 그 이름이 바로 공민왕이다. 공민왕의 개혁 정치는 시험에 자주 나오는 단골 문제인데, 개혁의 내용은 다음과 같다. 우선 친원 세력을 숙청하였다. 과거 드라마 〈기황후〉에서도 나왔던 권문세족 기철을 비롯한 친원 세력을 숙청하였다. 또한, 원나라 간섭기구인 정동행성 이문소를 폐지하였고, 원나라의 연호를 사용 금지했으며, 중서문하성과 상서성이라는 고려의 기구를 격상시켰다. 또한, 공민왕은 쌍성총관부를 공격하여 철령 이북의 땅을 회복하였으며, 몽골풍을 금지하여 고려의 자주적인 문화를 복구하려고 노력하였다. 공민왕은 왕권 강화에도 힘을 썼다. 무신 집권기에 인사 행정을 담당했었던 정방을 폐지하였고, 국자감이라고 불리었던 교육기관을 성균관으로 개칭하고 유학 교육을 강화하여 왕권을 강화하였다. 또한, 전민변정도감을 신돈의 건의로 설치하여 신돈을 책임자로 임명하고 불법적으로 빼앗긴 토지를 돌려주고 억울하게 노비가 된 자들을 풀어 주어 백성들의 원망을 해결함과 동시에 권문세족의 힘을 약화해 왕권을 강화하는 데 노력하였다.

　　　　　　　　　　　　머릿속에 박제하는 한국사

개성 성균관
(본 저작물은 공공누리 제1유형에 따라
한국학중앙연구원의 공공저작물을 이용하였습니다)

공민왕과 노국대장공주 초상화
(본 저작물은 공공누리 제1유형에 따라
국립고궁박물관의 공공저작물을 이용하였습니다)

　　고려 말에는 외적의 침입이 빈번하였다. 북쪽에서는 홍건적이 침입
하여 개경을 함락시키는 등의 손해를 끼쳤으며, 남쪽에서는 왜구의 침
입으로 남부 지방과 내륙 지방이 큰 피해를 보았다. 무너질 것만 같았

던 당시의 이 참혹한 현실을 이겨 내고, 외적의 침입을 격파한 고려의 장수로 최영과 이성계가 대표적이다. 최영 장군은 홍산대첩에서 왜구를 토벌하였으며, 이성계 장군은 황산대첩을 통해 왜구를 격퇴하였다. 또한, 당시 최무선의 건의로 화약과 무기를 개발하는 화통도감을 설치하였으며, 진포대첩에서 화포를 사용하여 왜구를 격파하기도 하였다.

이처럼 고려 말은 왜구와 홍건적을 물리치며 새롭게 떠오르는 신흥 무인 세력이 주목받았다. 또한, 공민왕이 개혁 정치를 펼치면서 권문세족이 힘을 잃음과 동시에 힘을 얻은 신진사대부 또한 고려 말에 주목을 받았다. 신진사대부는 당시 2개의 세력으로 나누어져 있었는데, 온건파 신진사대부는 고려 왕조를 유지하며 개선해 나가자고 주장한 한편, 급진파 신진사대부는 고려 왕조는 이미 끝났으니, 새로운 국가를 건국하자고 주장하였다.

한편 공민왕이 피살된 이후, 명나라에서는 철령 이북의 땅에 대한 군사적 행정 기관(철령위)을 설치할 것을 고려에 통보하였다. 이를 들은 최영 장군은 요동 정벌을 주장하였으나, 이성계는 사불가론을 들어 가며 요동 정벌을 반대하였다. (사불가론: 첫째, 작은 나라가 큰 나라를 공격하는 것은 안 된다. 둘째, 여름철에 군사를 동원해서는 안 된다. 셋째, 온 나라의 군사들이 원정에 나서면 왜적이 허점을 노려 침략할 것이다. 넷째, 장마철이라 활을 붙여 놓는 아교가 녹고 대군이 전염병에 걸릴 것이다. -장마철로 인해 궁수가 제대로 된 기능을 못 하고 전염병

머릿속에 박제하는 한국사

으로 대군이 손실을 볼 것이라는 경고다) 결국, 요동 정벌은 최영 장군의 의도대로 강행하였으나, 이성계 장군은 위화도 지역에서 회군을 강행하며 역성혁명을 이룩하였다. (역성혁명: 중국에 있었던 유교 정치사상의 기본 관념의 하나. 제왕이 부덕하여 민심을 잃으면, 덕이 있는 다른 사람이 천명을 받아 왕조를 바꾸고 새로운 왕조를 세워도 좋다고 하는 사상이다) 급진파 신진사대부 정도전과 힘을 합쳐서 이룩하였으며, 그렇게 고려가 무너지고 조선이 건국된다. (최영 장군과 온건파 신진사대부 정몽주는 이 시기에 유명을 달리하게 된다)

정몽주 초상화

(본 저작물은 공공누리 제1유형에 따라 문화재청
국가문화유산포털의 공공저작물을 이용하였습니다)

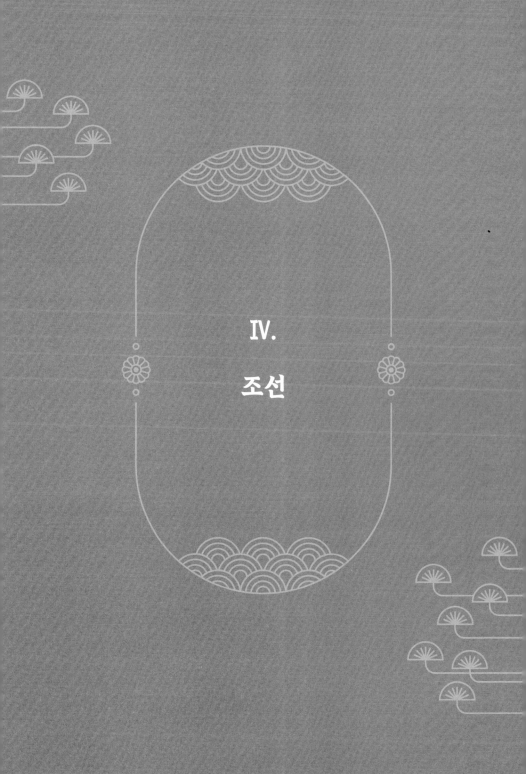

IV.

조선

1. 위화도 회군(1388)

　요동 **정벌**이라는 명령을 거부하고 위화도에서 회군한 이성계는 중앙정부의 권력을 장악함으로써 **역성혁명**을 완성한다. 당시 국왕이었던 우왕과 창왕을 차례로 폐하고, 이성계가 마음껏 좌지우지할 수 있는 공양왕을 왕으로 추대하며, 고려의 조정은 완전히 이성계와 급진파 신진사대부에게 권력이 집중되게 된다.

　이후 이성계가 주도한 정책은 바로 **과전법**. 급진파 신진사대부 조준의 건의로 전·현직 관리들에게 토지에 대한 수조권을 지급한다는 과전법을 시행하게 되고, 이를 통해 넓은 영지와 농장을 갖고 있었던 권문세족의 힘은 축소되었다. 반면 힘이 없었던 신진사대부들에게는 토지에 대한 수조권을 받으며 경제적 기반을 확보하게 된다.*

---

* 과전법, 한국민족문화대백과사전.

　　　　　　　　　　　　머릿속에 박제하는 한국사

2. 조선 건국(1392)

　신진사대부의 힘도 생겼고, 신흥 무인 세력의 대표인 이성계도 강력한 권력도 확보했으니 이제 다음은 국가를 바꾸는 일. 고려를 개혁하여 바꾸자는 온건파 신진사대부와 새로운 국가를 건설하자는 급진파 신진사대부로 나뉘었지만, 급진파 신진사대부 정도전과 이성계의 합작으로 결국 조선을 건국하게 된다.

　이성계는 즉위하자마자 한양으로 천도하며, 새로운 국가가 탄생하였음을 세상에 선포하게 된다. 개성에서 한양으로 수도를 천도한다는 것은 기존의 개경 세력에게 의존하지 않고 새로운 세상을 건설하겠다는 의미다. 물론 경복궁, 종묘 등의 이름과 구조는 모두 정도전이 도맡아 진행했다.

3. 태조 이성계의 업적

　안타깝지만 이성계는 자신이 직접 만든 업적보다는 그의 충신 정도
전을 등용했다는 점이 가장 큰 업적이다. 정도전은 경복궁을 건설하
고, 그 안의 건물의 이름도 정도전 자신이 모두 지은 엘리트 중의 엘리
트다. 또한 왕도 정치를 바탕으로 훌륭한 재상이 나라를 바로 세워야
한다는 재상 중심의 정치체제를 구축하려고 노력한 사람이기도 하다.
마지막으로 정도전은 『불씨잡변』이라는 책을 기술하였는데, 이 내용은
불교 중심의 고려를 비판하고 유교 사회로 발전해 나아가자는 정도전
의 생각을 담은 책이다. (물론 조선의 통치제도를 건설하는 『조선경국
전』이라는 책도 썼다) 이를 미루어 볼 때, 이성계라는 하드웨어와 정도
전이라는 소프트웨어가 만나 조선이라는 아웃풋(결과물)이 나온 것이
아닌가 하는 생각이 들 정도로 정도전은 조선 건국의 크게 이바지하였
다. (사실상 정도전이 조선 왕조 500년의 기틀을 다잡은 것이다)

　　　　　　　　　　　　　머릿속에 박제하는 한국사

광화문의 모습, 1930년(조선고적도보)
(본 저작물은 공공누리 제1유형에 따라 국립문화유산연구원의
공공저작물을 이용하였습니다)

조선 태조 이성계
(본 저작물은 공공누리 제1유형에 따라 국가유산청의
공공저작물을 이용하였습니다)

4. 태종 이방원의 업적

　태종 이방원의 업적은 압축해서 말하자면, 왕권 강화라는 단어로 요약할 수 있다. 왕권 강화를 위해서 태종 이방원은 6조 직계제를 처음으로 실시하고, 사병을 혁파하며, 사간원(왕의 옳지 못한 행위를 비판하고 논쟁을 담당하는 관청이다)을 독립시켰다. 또한 지금의 주민등록증과 같은 호패법을 시행하여 제대로 세금이 걷히는지 확인하였다. 또한 백성의 유망을 방지하기 위하여 호패법을 시행하였다. 여기서 유망이란 일정한 거처 없이 떠돌아다니는 것을 말한다. 또한 태종 이방원 시기에 〈혼일강리역대국도지도〉라고 오래된 조선의 지도를 이때 만들어졌으며, 또한 신문고도 이 시기에 설치되었다. 참고로 6조 직계제는 왕권 강화의 핵심이라고 볼 수 있는데, 기존의 정도전이 일구어 놓은 의정부 서사제를 깨부수고, 모든 일들의 최종 권한을 왕으로 모이게 하여 왕권 강화를 이루었다.

[TMI: 삼사]

조선 시대 중앙 관리 기구 중 가장 시험에 자주 출제되는 기관이자 현대적 관점에서 보았을 때에도 역할이 매우 중요한 핵심 관청이자 기구다. 삼사는 사헌부, 사간원, 홍문관으로 구성된다. 사헌부는 관리를 감찰하고 탄핵하는 기구고, 사간원은 국왕에 대한 간쟁 및 언론의 역할을 수행하는 기구다. 홍문관은 궁궐 내의 서적 관리, 경연을 통한 국왕의 학문, 정치 고문을 담당한다.

5. 세종의 업적

세종의 업적은 너무나도 많다. 우리에게는 훌륭한 개혁 군주라는 것 보다는 외울 것이 너무나도 많은 참으로 미운 왕으로 보일 수 있다. 우선 세종은 아버지 태종 이방원과는 다르게 6조 직계제를 폐지하고, 의정부 서사제를 부활시켰다. (효율적인 정치를 하기 위해서다) 또한 집현전을 확대 개편하여 집현전 학자들과 함께 국정의 새로운 파트너로서 새로운 정책을 만드는 등에 든든한 조력을 해 주었다. 세종대왕은 유교 이념을 국가 중심의 정치를 실현하는 데 최선을 다한 군주다. 또한 조선 시대 농작의 풍흉을 9등급으로 구분하여 세금을 거두는 방식인 연분구등법을 실현하였고, 토지의 질에 따라 6등급으로 나누어 세금을 평가하는 제도인 전분육등법을 실현하여 환경에 맞춘 세제를 구축하는 데 성공하였다.*

세종대왕의 대외정책 또한 많은 업적을 남겼다. 우선 여진족을 토벌하고 4군 6진을 개척하여, 실질적인 한반도와 중국의 국경선인 압록강과 두만강 라인을 구축하였다. 또한 이종무 장군을 파견하여 대마도를 정벌하였다. (왜군과 해적들이 한반도 남해안 도시들을 습격할 수 없도록 조치하였다) 물론 국방은 상왕 이방원의 힘이 미쳤다는 이야기도

---

* 연분구등법, 전분육등법, 한국민족문화대백과사전.

머릿속에 박제하는 한국사

있다.

   마지막으로 장영실을 등용하여 측우기, 앙부일구(해시계), 자격루, 혼천의를 개발하였다. 또한 조선의 전용 달력인 「칠정산」을 편찬하였고(역법), 농업을 다른 책인 『농사직설』을 편찬하였으며, 의학과 관련된 책인 『향약집성방』을 편찬하였다. 너무 많은 업적이기에 꼭 정리해서 기억하기를 바란다.

6. 세조의 업적

세종의 아들 문종은 이른 나이에 사망하였다. 문종은 세종을 도와 훈민정음을 만들었다는 이야기도 있을 만큼, 세종의 든든한 조력자 역할을 세자로서 하였으나 세종이 돌아가시고 나서 왕이 된 문종은 이른 나이에 사망하여 많은 이들의 안타까움을 자아내었다. 만약 문종이 더 살았다면, 조선은 어떻게 바뀌었을지는 상상의 영역으로 남게 되었다.

문종의 아들 단종은 너무나도 어린 나이(11살)에 왕이 된 군주다. 삼촌뻘인 수양대군은 너무 어려 국정을 운영하기 힘든 단종으로 인해 왕권이 약해지는 모습이 보이자, 왕권 약화와 어린 나이라는 것을 빌미로 단종을 몰아내고 한명회와 함께 계유정난(1453년)을 일으켜 수양대군이 왕이 되니, 이 사람을 우리가 세조라고 부른다.

세조는 아버지 세종과는 별로 닮지는 않았고, 오히려 할아버지 태종 이방원과 닮은 점이 많다. 세조는 무엇보다도 강력한 왕권 강화 정책을 추구하였다. 그는 의정부 서사제를 폐지하고, 6조 직계제를 시행하였으며, 왕권 강화 정책을 펼쳤다. 또한 난을 단호하게 제압하였는데, 세조의 집권에 반대하여 들고일어난 이시애의 난을 제압하였고, 이시애의 난을 도와주었다는 이유로 유향소를 폐지하였다. 여기서 유향소

머릿속에 박제하는 한국사

란 향촌(지방 마을)의 주도권을 갖기 위해 중앙에서 귀향한 사람들이 자치적으로 조직한 기구를 말한다. 또한 단종 복위 운동을 펼친 사육신과 생육신을 모두 제압하고, 집현전과 경연을 폐지하며 왕권 강화를 실현하였다.

7. 성종의 업적

　조선 전기의 기틀을 최종적으로 완성한 왕을 뽑으라고 한다면, 단연코 성종을 뽑을 것이다. 성종은 모든 법령을 정리하고 집대성한『경국대전』이라고 하는 법전을 편찬하였다. 물론『경국대전』은 세조 시기에 편찬을 시작하였으나, 성종 시기에 완성하였다는 점에서 성종의 업적으로 기억된다. 또한 홍문관을 설치하였는데, 홍문관이란 집현전을 계승한 기구라고 생각한다면 이해하기 쉽다. 그리고 경연을 되살림으로써 세조 시기에 없앤 집현전과 경연을 다시 재활성화한 군주라고 볼 수 있다.

　　　　　　　　　　　　　　　　머릿속에 박제하는 한국사

8. 훈구파와 사림파

    훈구파는 조선 건국에 공을 혁혁하게 세운 대신들을 말한다. 훈구파는 개국공신이기에 이들은 건국 초기부터 조선의 중앙정계에서 정치를 도맡아 왔다. 반면 사림파는 조선 건국의 공을 세우지 않고, 지방에서 학문 수양에 전념한 세력을 말한다. 성종 시기, 권력을 독점하고 있는 훈구파를 견제하기 위해 성종은 사림파를 중앙정계로 등용하기 시작하였고, 이는 곧 중앙정치가 훈구파와 사림파 두 개의 세력의 대립으로 이어지는 신호탄이 되었다.

    이러다가 발생한 것이 사화라는 것인데, 사화는 사림들이 화를 입었다는 뜻이다. 쉽게 설명하면, 사림 세력을 철저하게 짓누른 정치적 행동을 말한다. 사화는 총 4번이 있었는데, 무오사화-갑자사화-기묘사화-을사사화 순으로 이어진다.

    무오사화는 연산군 시기에 발생했던 사건으로 사림파의 대표주자 김종직의 「조의제문」이라는 글에서 시작된다. 훈구파는 이를 비판하였고, 연산군은 훈구파의 비판을 수용하고 사림파를 대거 처벌하였다. 여기서 「조의제문」이란 중국 초나라 의제의 죽음을 애도한 글로, 단종을 몰아내고 세조를 비판한 내용이라고 훈구파가 비판하면서 사화의 시작이 되었다.

갑자사화는 연산군의 어머니를 폐위시킨 사람들을 대거 숙청한 사건으로 사건을 주도한 훈구파와 사림파 모두를 처벌하였다. 연산군의 폭정과 더불어 사치와 향락에 빠져 나라의 기강이 문란해지는 모습을 보이자, 신하들은 왕을 내쫓을 준비를 하였고, 이는 중종반정으로 이어지게 된다. 중종반정을 일으킨 세력은 다름 아닌 훈구파다.

머릿속에 박제하는 한국사

9. 중종과 조광조의 업적

중종의 업적은 그렇게 많지 않다. 오히려 중종은 자신을 집권하는 데 도움을 준 훈구 세력이 너무나도 강한 힘을 갖게 되자, 이를 견제하기 위해 개혁 사림 세력을 등용하게 되는데, 그가 바로 조광조다. 조광조는 현량과라고 하는 제도를 시행하여 사림 세력이 중앙정계로 진출할 수 있도록 정책을 시행하였고, 소격서라고 하는 도교의 제사를 폐지하고, 중종반정의 개혁공신 세력을 정리한 문서 중에서 허위로 자신의 이름을 올린 자들을 삭제하는 위훈 삭제와 같은 개혁 정책을 펼쳤다. 이는 훈구 세력이 원하지 않는 정책만 골고루 시행하여 미움을 샀으며, 훈구 세력은 '주초지왕(조씨가 왕이 된다)'이라는 문구가 나뭇잎에서 발견되었다는 희대의 거짓말을 사용하여 조광조를 비롯한 사림 세력을 대거 축출하였으며, 이를 기묘사화라고 부른다.

10. 명종과 을사사화

　중종의 아들이었던 인종 또한 갑자기 이른 나이에 요절하고, 어린 명종이 즉위하게 된다. 어린 나이이기에 그의 어머니인 문정왕후가 수렴청정하게 되었다. 기존의 외척 세력이었던 인종의 외척 세력과 명종의 외척 세력 사이에 권력을 갖기 위한 투쟁이 발생하였고, 그러다가 인종의 외척 세력이 제거되며, 인종의 외척을 지지하였던 사림파 세력도 같이 제거되었는데 이를 을사사화라고 한다. 그 이후 사회는 혼란스러워졌다. 외척 가문이 조선의 중앙 정치에 개입하는 것은 국가의 몰락을 의미하였다. 이 시기에 등장한 도적이 그 유명한 임꺽정이다.

11. 붕당 정치

　사화가 발생한 이후, 사림파는 다시 향촌으로 돌아가 자신의 세력을 키우는 준비를 하게 된다. 향약이라고 하는 향촌 자치 규약을 만들었고, 교육기관 서원을 설립하여 교육기관으로서 인재 양성에 힘을 쏟았다. 시간이 지나 선조가 즉위하고 사림 세력은 다시 중앙 정치에 등장하였고, 다시 중앙의 한 세력으로서 중심축을 이루게 된다. 그러다 사림 세력은 한 직책을 가지고 분화하게 되니, 이를 우리가 붕당 정치라고 부른다.

　이조 전랑은 사헌부, 사간원, 홍문관이라고 부르는 3사의 관리를 추천하는 중요한 인사권을 가진 직책이다. 따라서 어떤 세력이 이조 전랑의 자리를 갖느냐가 주도권을 결정한다고 볼 수 있는데, 율곡 이이가 중심이 되고 외척 정치 청산에 소극적인 태도를 보이는 기성 사림인 서인과 퇴계 이황이 중심이 되고 외척 정치 청산에 적극적인 태도를 보이는 신진 사림인 동인으로 분화가 된다. (동인과 서인의 분화)

　재미있는 점은 동인 세력이 또다시 분화하게 된다는 것이다. 기축옥사라고 부르기도 하고, 정여립 모반 사건이라고 부르기도 하는 이 사건은 동인 세력의 정여립이라는 자가 역모를 꾀하다가 걸린 사건이다.

정여립 모반 사건이 발생하자, 서인 세력의 정철이 동인 세력을 제거하자고 주장하여 실제로 동인 세력 일부가 제거되었다. 동인은 이를 두고두고 복수할 준비를 하였는데, 후에 정철이 광해군을 세자로 책봉하자고 선조에게 건의하였다가 오히려 미움을 받게 되었고, 동인 세력은 이때를 기회로 삼아 정철을 공격하게 된다. 그런데 정철을 공격하는 태도를 두고 동인 세력이 갈라지게 되는데, 정철을 처리하는 것을 온건하게 하자는 남인 세력과 정철을 강경하게 처리해야 한다는 북인 세력으로 분화하게 된다. 시간이 지나 북인 세력은 광해군을 도와 국정을 주도하는 세력으로 발전하였으나, 광해군이 인조반정으로 쫓겨날 때 사실상 북인 세력도 같이 축출당했다.

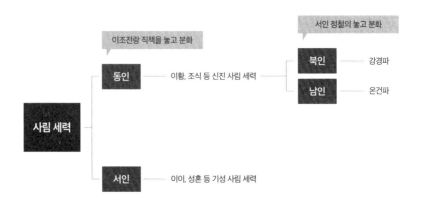

머릿속에 박제하는 한국사

12. 조선 외교사

가. 사대교린 외교

사대는 중국을 받들어 섬긴다는 외교 정책이고, 교린은 이웃 국가와 화평하게 지낸다는 외교 정책이다. 건국 직후 태조 이성계는 개국공신 정도전과 함께 요동 정벌을 추진하기도 하였으나, 태종 이방원이 주도한 왕자의 난으로 정도전이 사망하고, 태종이 집권한 이후부터는 <u>명나라와 사대관계를 맺고 정기적으로 명나라에 사신을 파견하며, 사대관계를 유지하려고 노력하였다.</u> 한편 여진족과 일본을 향한 외교 정책은 채찍과 당근을 섞는 정책을 펼쳤다. 여진족에게는 무역을 허용하는 것과 같이 당근도 부여하였으나, <u>세종대왕 시기에는 4군 6진을 개척하여</u> 여진족을 몰아내고 영토를 확대하기도 하였다. 일본 또한 무역을 하는 등의 당근을 주기도 하였으나, <u>일본 해적이 남해안을 휘저을 때에는 이종무를 통해 대마도를 정벌하기도 하였다.</u> 물론 세종대왕 시기다.

나. 임진왜란(1592, 선조)

100년간의 치열한 전국 시대를 종결한 도요토미 히데요시는 사무라이의 단결과 실업률 해결을 목표로 조선을 공격하게 된다. 조선군은 신립을 필두로 하여 충주 탄금대에서 목숨을 건 전투를 하였으나, 일본 군에게 처절하게 대패하게 된다. 일본군은 끊임없이 북상하였고, 일본 군에게 겁먹은 선조는 경복궁과 수도 한양을 버리고 의주로 피난하게 된다. 의주는 명나라로 도망갈 수 있는 지역으로 여차하면 망명을 하 겠다는 그의 의지가 담겨 있다.

북상하는 일본군에게는 보급이 가장 필요했다. 그렇기에 자연스레 일본군의 시선은 조선의 해상권 장악이라는 목표로 이어졌지만, 이순 신의 저지로 일본군을 해상권에서 모두 격퇴한다. '옥포해전, 한산도대 첩'뿐만 아니라 곽재우, 조헌과 같은 의병들도 들고일어나 조선 반도에 서 일어나는 일본군의 약탈을 저지하였다. 조선도 처절하게 끊임없이 반격하였다. 김시민의 진주대첩에서 승리를 일구어 냈으며, 명나라의 참전과 더불어 평양성을 탈환하였다.(1593년) 또한 권율 장군의 행주 대첩은 조선군의 승리 중 하나다.

주춤해진 일본군은 휴전 협상을 개시하였고, 결국 휴전 협상이 시작 된다. 휴전 기간에는 일본의 조총 부대를 견제하는 훈련도감이라는 부 대가 만들어지고, 군대 편제도 개편하는 데 노력하였다.

결국 휴전 협상은 결렬되었고, 정유재란이 발생하였다. 정유재란에 서도 혁혁한 공을 세운 사람은 이순신 장군이다. 명량대첩을 통해 일 본군을 격파하였다. 영화 〈명량〉을 통해 더 생생히 이 상황을 볼 수 있 다. 그러다 갑자기 도요토미 히데요시가 사망했다. 전쟁의 중추가 사 라지니 일본군의 전쟁 분위기는 차갑게 식었고, 1598년 일본군은 철수 하게 된다. 물론 이순신 장군은 한 놈의 일본군도 살려 둘 수 없다는 마

머릿속에 박제하는 한국사

음으로 최후의 전투를 준비하였고, 바로 그 전투가 노량해전이다. 이
순신 장군은 적군의 총탄에 맞고 노량해전에서 전사한다.

　7년간의 전쟁은 조선을 황폐화했다. 정치 부분에서는 비변사라고 하
는 임시 국방 당당 기구가 상설 기구화되어 국정을 총괄하는 중요한 기
관이 되었다. 인구도 급감하였는데, 기존 1,100만 명 정도의 인구를 보
유하고 있던 조선은 임진왜란 7년 이후 330만 명이 감소하여 약 770만
명으로 줄어들었다는 연구결과도 있다.*
　중국 또한 역사적 변곡점을 갖는다. 명나라 신종이 조선의 임진왜란
에 구원군을 파견해 주면서, 조선으로서는 참으로 고마운 일이지만, 명
나라는 구원군을 파견하면서 국력이 급격히 약해지게 되고, 북방에서
는 후에 청나라가 되는 후금이 건국되고 세를 키운다.

[TMI]

① 명나라 신종의 꿈
『삼국지연의』에서는 명나라 신종(만력제)은 꿈에서 관우가 나와 선조는 장비
의 환생이고, 신종은 유비의 환생이라고 말하였고, 이 꿈을 굳게 믿었던 신종
은 장비를 도와야 한다는 일념으로 조선에 군대를 파병했다는 이야기가 있다.

② 선조와 율곡 이이
『선조수정실록』에 따르면, 어느 날 선조는 의영고(조선 시대 왕실에서 기름,

---

* [충청포럼] 74주년 광복절: 일본의 침략으로 인한 역사적 후유증 진단, 이노신 교수.

꿀, 황랍 등의 물품을 관리하던 관청이다)에 명하여 황랍 500근을 궁궐 안으로 들이라고 하였다.(추가적으로 수은도 가져오라고 하였다) 선조는 황랍과 수은을 가져오라고 한 이유가 양초를 만들기 위함이라고 했지만 율곡 이이는 선조가 불상을 만들려고 한다고 판단하였다. 유교학자였던 율곡은 끊임없이 선조를 추궁하였고 선조는 왕이 쓰겠다고 하는데 무슨 상관이냐고 되레 으름장을 놓았다. 이에 율곡은 "남에게 알리지 못한다면 이는 필시 떳떳하지 못한 의도에서 나온 것"이라고 반박하였고, 선조가 역적이라고 말하며 노하자, 율곡은 "소문의 출처를 추궁하고 간관에게 잘못을 돌리신다면 신하들은 감히 발언하지 못하고 그 결과 군주의 총명은 날로 가려질 것이며 이것이 어찌 이른바 말 한마디로 나라를 잃는 것이 아니겠습니까?"라고 하였다. 이에 선조는 황랍과 수은을 궁궐로 가져오지 못했고 일단락되었다.

- 말 한마디로 나라를 잃는 방법, 역번, 유튜브

③ 율곡 이이의 10만 양병설

율곡 이이는 10만 양병을 주장하였다.(학계에서는 『선조수정실록』이 율곡 이이가 속하는 서인들이 주도하여 작성하였다는 점을 들어 조작된 주장일 것이라고 이야기하기도 한다) 조선 백성의 인구를 정확하게 파악하고(양전사업, 호구조사), 억울하게 노비가 된 자들을 양인으로 해방시켜 훗날의 세금 수취를 활성화하며, 10만 명의 군사를 육성하여 향후에 일어날 외적의 침입과 민란을 대비하자고 주장한 것이다.(1565년, 1582년 두 차례에 걸쳐서 주장하였다) 이 제안은 왕실과 관료들의 탐욕으로 물거품이 되었으나, 훗날 1592년 임진왜란이 발발하며 이이의 주장은 재평가되었다.

- 율곡 이이의 십만 양병설, 김현수 문학가, 반월신문

임진왜란 부산진순절도
(본 저작물은 공공누리 제1유형에 따라 육군사관학교
육군박물관의 공공저작물을 이용하였습니다)

13. 광해군과 인조의 정책

가. 광해군의 중립외교

임진왜란, 정유재란이라고 하는 7년의 전쟁을 극복한 진정한 리더는 선조가 아니라 광해군이다. 선조는 전쟁이 발발하자 광해군을 세자로 책봉하고, 분조를 구성하였다. 광해군은 근왕병을 모집하기 위해 전국을 돌아다녔고, 직접 백성들에게 다가가 사기를 돋우며 백성들의 지지를 받았다. (이에 영의정 최흥원(崔興源) 등 10여 인의 중신들이 광해군을 따라 분조에 귀속되었다. 광해군은 종묘사직을 이끌고 평안도의 맹산·양덕, 황해도의 곡산을 거쳐 강원도 이천에 분조를 두고 남조의 장수들과 각처의 의병장들에게 사람을 보내어 격려하고 상을 내리고 관(官)에 임면(任免)하는 등 활동이 활발하였다. 분조, 한국민족문화대백과사전) 후에 왕이 된 광해군은 공납의 부담을 줄이기 위해 대동법을 시행하였다. 허준의『동의보감』도 이 시기에 편찬되었다.

광해군의 업적이 가장 독보적인 대목은 외교다. 광해군은 중립 외교 정책을 펼쳤는데, 그 사유는 빠르게 강해지는 후금과의 관계를 조율하기 위해서였다. 명나라는 국력이 약해지고 있는 것이 뻔하게 보이나, 조선의 대신들은 우리를 구원해 준 명나라를 도와야 한다는 주장을 펼쳤다. 그러나 광해군은 유동적으로 중립 외교를 펼치며 후금과의 관계

머릿속에 박제하는 한국사

도 악화되지 않도록 노력하였다. 그리하여 후금과 명나라 사이에서 줄을 타며 국난 극복에만 매진할 수 있게 되었다.

[TMI: 대동법]

우선 재정사(財政史) 측면에서는 잡다한 공(貢)·역(役)을 모두 전결세화하면서 정률(定率: 1결당 쌀 12말)로 하고, 그 징수와 지급을 쌀로 하되, 무명이나 베 또는 화폐로도 대신하게 한 사실에서 여러 가지 의의를 찾을 수 있다. 즉, 국가의 수취원(收取源)을 부(富)와 수입의 척도였던 전토에 일률적으로 집중시켜 수익과 담세(擔稅)를 직결시키는 과세(課稅)상의 진보, 재산과 수익에 비례하는 공평한 조세 체계로의 지향, 배부세주의(配賦稅主義)를 폐기하고 정률세주의(定率稅主義)를 채택하는 세제상의 진보 등을 이룩하였다. 또한 그 징수·지급을 당시 교역의 기준 수단이었던 물품 화폐(쌀·무명·베 등)나 화폐로 전환시켜 조세의 금납화(金納化)와 화폐 재정으로의 전환을 이룩하는 계기를 마련하였다고 평가되는 것이다.

사회·경제적인 측면에서는 정부 소요 물자를 공인(貢人)·시인(市人) 등에게 조달함으로써 상·공업 활동을 크게 촉진시켜 여러 산업의 발달과 함께 전국적인 시장권의 형성과 도시의 발달을 이룩하게 하고, 상품·화폐 경제 체제로의 전환을 가져오게 하는 계기를 이루었다. 나아가 상·공인층의 성장과 농촌 사회의 분화를 촉진하여 종래의 신분 질서와 사회 체제가 이완·해체되는 데도 일정한 영향을 미친 것으로 이해되고 있다. (대동법, 한국민족문화대백과사전)

나. 인조반정과 인조의 업적

① 인조반정

광해군의 중립 외교 정책은 명나라를 숭상하는 대신들의 반발을 사기에 충분했다. 또한, 광해군은 어머니 인목대비를 유폐하고, 형제 영창대군을 죽였다는 치명적인 오점이 있었는데 서인들은 이를 빌미로 광해군을 폐위시키고, 인조를 왕으로 추대한다. 우리는 이를 인조반정이라고 한다.

인조가 집권했을 때의 집권 세력은 당연히 인조반정을 일으킨 서인이다. 인조는 영정법을 제정하였는데, 토지세(전세)를 풍흉(기상)과 관계없이 토지세를 규정한 법률이다. 그렇게 수능에 많이 출제되지는 않는다.

② 정묘호란(정묘년에 일어난 난)

인조반정으로 서인들이 집권했다. 그들의 외교 정책은 광해군과는 아예 다른 길을 걸었다. 우리는 이를 친명배금 정책이라고 부르는데, 그 뜻은 명나라와는 친하게 지내고 금나라와는 배척한다는 외교 노선이다. 후금 세력은 당연히 조선의 외교 노선에 강력한 반발을 표출하였고, 광해군을 부당하게 내쫓았다는 빌미로 조선을 침략하게 된다. 물론 인조는 강화도로 즉시 피난하였으나 임진왜란 이후 피폐해진 조선은 전쟁을 더 할 여력이 없으므로 정묘약조를 체결하고 형제 관계를 맺는다.

머릿속에 박제하는 한국사

③ 병자호란(병자년에 일어난 난)

힘을 키운 후금 세력은 이제 명나라와 대등한 힘을 갖게 되었고, 국호를 청나라로 바꾸게 된다. 그리고 형제 관계를 맺고 있었던 조선과는 군신 관계를 요구하게 되는데 당연히 조선 정부에서는 분란이 발생했다. 전쟁을 피하고 평화롭게 지내자는 주화론(최명길)과 청나라와의 전쟁을 주장하는 주전론(김상헌)으로 주장이 분열되었다가 조선의 정세는 주전론으로 흐르게 되고 청나라는 또다시 침공을 강행한다.

인조는 강화도로 피난하려고 하였으나, 청나라 군대가 이미 강화도 앞에서 진을 치고 있었고, 결국 남한산성으로 피난하러 가게 된다. 영화 〈남한산성〉은 이 시점을 배경으로 만든 영화다. 남한산성에서 버티는 것도 한계가 있었다. 결국, 인조는 항복하고 삼전도에서 머리를 박게 된다.(삼배구고두례: 신하나라가 큰 나라를 만났을 때하는 예절이다) 지금도 석촌호수를 가면 그날을 기록한 삼전도비가 있다. 병자호란 이후 조선은 청나라와 이제 군신 관계를 형성하게 되었으며, 인조의 아들 효종과 척화론자들이 청나라로 압송된다.

14. 효종의 업적

　효종은 오로지 북벌을 주장했다. (북벌론) 아버지 인조가 굴욕적으로 삼전도에서 항복한 것을 용납할 수가 없다는 것이다. (일각에서는 청나라에 굴복하는 정치를 하지 않겠다고 하는 양반들이 너무 많은 상황에서 정권에 대한 지지가 약하다고 판단한 효종이 신임을 얻고 왕권을 강화하기 위해 북벌을 주장하였다는 이야기도 있다) 서인의 송시열을 등용하고, 수도 방어를 담당하는 어영청을 설치하여 북벌을 주도하였다. 재미있는 점은 효종 시기에 군대를 파병하였는데 파병 당시 상대국은 청나라가 아닌 러시아(당시 아라사라고 불렸다)였다. 러시아와 청나라의 전투에서 조선의 파병을 청나라가 요구하였고, 조선은 조총 부대를 동원하여 전투에 참여하였다. (나선 정벌)

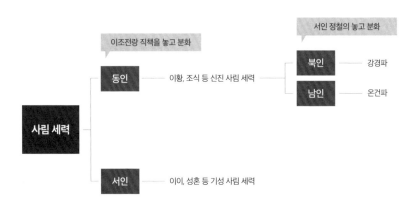

　　　　　　　　　　　머릿속에 박제하는 한국사

15. 현종과 숙종, 예송과 환국

 예송이란 예법을 둘러싸고 치열하게 논쟁하는 정치적 상황을 말한다. 현종 시기에 2차례 발생하였다. 1차 예송논쟁에서는 서인의 주장을 받아들였다. 2차 예송 시기에는 남인의 주장이 받아들여졌다. 예송 시기는 정치적으로 극심하게 혼란했던 시기를 뜻하는 거라고 생각하면 된다.

 환국이란 집권 붕당이 급격하게 변화하는 상황을 말한다. 지금 여야가 정권 교체를 하는 것과 비슷한 느낌으로 접근하면 되는데, 지금의 정권 교체는 선거를 통해서 절차적으로 이루어진다면, 환국은 왕의 선택에 따라 급격하게 집권 붕당 세력이 변화하는 것으로 생각하면 된다. 숙종은 적장자 출신으로서 강력한 왕권 정치를 펼쳤다. 강력한 왕권을 바탕으로 3차례의 환국이 발생하였는데, 1차 환국(경신환국)에는 서인이 집권하고 2차 환국(기사환국)에는 남인이 다시 재집권하고 3차 환국(갑술환국)에는 다시 서인이 집권 붕당으로 변화하였다.

16. 영조와 정조, 탕평 정치

가. 숙종

　숙종의 재위기간은 45년, 영조의 재위기간은 51년이다. 아버지 숙종, 중간에 경종(4년), 영조 51년을 포함하면 거의 100년으로 조선왕조의 20%가 이 기간에 속한다. 숙종의 업적도 많다. 그러나 시험에서의 비중은 그렇게 크지는 않다. 주목할 점은 상평통보를 발행하여 전국적으로 유통시켰고, 대동법을 전국으로 확대 실시하였다는 것이다.

[TMI: 상평통보]

　왜란과 호란 후부터 조선의 대청·대일 관계는 대체로 안정기에 들어서고, 이에 따라 양국과의 무역거래가 그 전보다 활발해져 국내 생산력이 증진하고 상품·교환 경제의 발달이 촉진되었다. 양란 후에 인구는 급격히 증가되고, 이로써 사회생산력이 증진되는 동시에 농업을 중심으로 하는 봉건사회의 경제구조 및 제반 생산양식이 변화, 발전했던 것으로 보인다.

　또한 왜란을 전후해서 봉건 사회 신분제도가 빠르게 해체되어 사회 신분질서와 밀접한 관계를 맺고 있던 전통적 생업관이 변질되었으며, 또한 농업에 의존하는 국가 경제기반의 취약점을 보완할 필요성 등의 한계가 있기는 했으나, 수공업과 함께 상업을 진흥해야 할 필요성이 강조되었다.

　그리고 전란 뒤 사회·사상적 혼란에 대한 반성과 청나라 고증학 및 서양 과학

　　　　　　　　　　　머릿속에 박제하는 한국사

문명의 영향을 받아 새로운 흐름으로서 합리성과 실용·실제성을 강조하는 실학이 발생하여 학문의 체계를 이루고 있었다.

이상과 같이 봉건 조선사회의 생산양식과 가치체계에 새로운 변화가 일어나고 있는 1600년대 후반에 조선왕조가 동전, 즉 상평통보를 법화로 채택, 유통 보급시켰다.

– 상평통보, 한국민족문화대백과사전

나. 영조

영조 어진

(본 저작물은 공공누리 제1유형에 따라
국립고궁박물관의 공공저작물을
이용하였습니다)

영조는 붕당의 극심한 정쟁을 지양하고 왕권을 강화하기 위해 탕평 정치를 펼쳤다. 상징적인 비는 성균관 앞에 세운 탕평비고, 탕평비를 보면 영조의 탕평 의지를 볼 수 있다.(두루 원만하고 편향되지 않음이 군자의 마음이고, 편향되고 원만하지 못함이 소인의 사사로운 마음이다) 개혁 정책으로는 균역법을 시행하여 1년에 2필씩 걷던 세금을 1년에 1필로 줄여 주어 민생 안정에 힘을 썼다. 또한, 신문고를 부활시켰으며, 청계천을 보수하여 한양 도성의 홍수 피해를 최소화하는 데 노력하였다. 마지막으로『경국대전』이후의 사회 변화를 고려하여『속대전』이라는 법전을 편찬하였다.

다. 정조

영조의 아들 사도세자는 비극적으로 뒤주에 갇혀 죽게 되었고, 사도
세자의 아들 정조가 영조의 뒤를 이어 왕위에 오른다. 손자 정조는 할
아버지 영조의 뒤를 이어 탕평 정책을 이어 나갔다. 탕평의 대표적인
특징은 정파와 상관없이 능력이 있는 인물을 등용하였다는 점이다. 개
혁 정책이 참으로 많다. 대표적으로 규장각이라는 왕실 도서관을 설치
하여 세종의 집현전, 성종의 홍문관을 잇는 왕실 핵심 기구를 통해 정
책 연구를 담당하는 역할을 제대로 하였다. 게다가 초계문신제를 시행
하여 유능한 인재를 양성하기 위해 문신들을 재교육하였으며, 왕실 호
위 부대 장용영을 두어서 왕권 강화에 힘을 쏟았다. 정조대왕 하면 수
원 화성을 빼놓을 수 없다. 정약용과 함께 과학적인 성을 건설하였으
며, 건설하는 방법 또한『화성성역의궤』를 통해 자세히 설명해 놓았다.
이 책은 6.25 전쟁 이후 파괴된 수원 화성을 당시의 건축양식 그대로
복원하는 데 큰 역할을 해 주었으며, 세계 유네스코 문화유산으로 등록
되었다.

[TMI: 정조]

(전략) 그리하여 즉위하자 곧 규장각(奎章閣)을 설치해 문화정치를 표방하는

머릿속에 박제하는 한국사

한편, 그의 즉위를 방해했던 정후겸(鄭厚謙)·홍인한(洪麟漢)·홍상간(洪相簡)·윤양로(尹養老) 등을 제거하였다. 나아가 그의 총애를 빙자해 세도정치를 자행하던 홍국영마저 축출해 친정체제를 구축하는 데 주력하였다.

정조는 퇴색해 버린 홍문관을 대신해 규장각을 문형(文衡)의 상징적 존재로 삼고, 홍문관·승정원·춘추관·종부시 등의 기능을 점진적으로 부여하면서 정권의 핵심적 기구로 키워 나갔다. 규장각을 정권의 핵심기구로 삼고 실학파와 북학파 등 제학파의 장점을 수용하여 문화정치를 완성해 갔으며, 문물제도의 정비사업 완결, 사고전서 수입과 각종 서적 편찬, 친위군인 장용영 설치, 신도시 수원 화성 건설 등 많은 업적을 남겼다. 강한 왕권으로 왕도정치의 모범을 보이며 조선 후기 문화부흥을 이루었다.

- 정조, 한국민족문화대백과사전

정약용 초상화
(본 저작물은 공공누리 제1유형에 따라 한국학문학연구원의
공공저작물을 이용하였습니다)

17. 순조와 헌종과 철종, 세도정치 60년

　1800년 정조가 종기로 급작스럽게 사망하였다. 정조는 아들 순조가 성인이 될 때까지만 왕위에 있다가 순조에게 왕위를 넘기고 화성에서 여생을 보내려고 하였으나, 19세기가 열리는 1800년에 사망한다. 아들 순조는 어린 나이에 왕에 올랐으니, 순조를 뒤에서 보필하고자 순조의 외척 가문들이 권력을 독점하며 국정을 쥐락펴락하게 된다. 우리는 순조, 헌종 철종 시기에 펼쳐진 외척 세력들의 국정 붕괴를 세도정치라고 부르며, 1800년부터 1863년까지 63년 동안 이어진다.

　세도정치의 특징은 비변사의 주요 요직을 외척 가문들의 인물이 채웠다는 점이고, 관직을 돈 주고 사는 매관매직이 성행하며, 전정(토지세), 군정(병역세), 환정(대출제도)도 악용되고 세금을 부풀리며 폐단이 심해졌다. 그렇기에 자연스레 백성들의 불만이 쌓여 갔으며, 그 불만은 난으로 이어진다. 홍경래의 난은 순조 시기에 일어난 난으로 평안도 지역 차별을 빌미로 일어난 난이다. 관군의 진압으로 끝났지만, 홍경래의 난 이후부터는 수차례의 난이 발생하게 된다. 이후 철종 시기에 터진 난은 임술농민봉기다. 진주에서 봉기하였으며, 전국으로 퍼졌다.

　머릿속에 박제하는 한국사

임술민란은 1862년(철종 13년) 삼남 지역을 중심으로 일어난 농민 항쟁이다. 진주 부근의 작은 고을 단성에서 시작된 농민 항쟁은 3월에는 경상도 전역으로, 4월에는 전라도로, 5월에는 충청도로 확산되었다가 제주를 포함한 전국 70여 개 고을로 번졌다. 삼정문란 등 농민에 대한 억압, 수탈의 심화가 원인이었다. 조정에서는 선무사·안핵사·암행어사를 파견하여 총체적 실정을 구체적으로 확인하고 삼정이정책을 마련하였으나 실질적인 개혁으로 이어지지 못하고 곧 옛 제도로 환원되고 말았다. 그러자 9월에 다시 민란이 일어났고 이후 대원군·민씨 정권 아래에서도 계속되었다. (임술민란, 한국민족문화대백과사전)

V.

근대

1. 홍선대원군의 개혁 정책

1863년 철종이 33세의 나이로 승하하고, 고종이 집권하였다. 그러나 고종은 너무 어린 관계로 자연스럽게 홍선대원군이 섭정하게 되었다. 홍선대원군은 10년간 개혁 정치를 획기적으로 하였다. 외교 정책은 형편없으나, 내정 개혁은 수준급으로 볼 수 있다. 첫째는 비변사를 폐지하였다. 앞서서 임진왜란 시기에 상설기구화된 비변사를 단계적으로 제거하고 의정부를 활성화하고 국방부 역할을 하는 삼군부를 부활시켜 내정을 원상 복구하고 활성화하였다. 둘째로는 『대전회통』이라는 법전을 편찬하였다. 셋째는 서원을 철폐하였다. 서원은 세금을 면제받는 곳이라 재정적으로 상당히 부담된다. 또한, 서원을 붕당 정치의 발원지라고 판단한 홍선대원군은 전국 수백 개의 서원을 47개소로 정리한다. 특히나 명나라 신종의 제사를 지내는 만동묘를 혁파했다는 것이 포인트다. 넷째는 삼정의 개혁인데, 토지세인 전정은 양전 사업을 시행하여 전국의 은결을 색출하였으며, 병역세인 군정을 보면 호포제를 실시하여 양반들에게 세금을 부담시키고, 백성의 세금을 덜어 주는 역할을 하였으며, 고리대금으로 백성들의 등골을 휘게 만드는 환정을 폐지하고 사창제를 시행하여 지방에서 자치적으로 운영하게 하였다. 마지막으로 경복궁을 중건하였는데, 재정적 부담이 너무나도 컸던 탓에 원납전, 당백전 발행 등의 무분별한 화폐 발행으로 인한 인플레이션과

머릿속에 박제하는 한국사

백성들을 강제로 동원하여 당시 백성들의 원망이 커졌다는 한계가 있었다.

　홍선대원군 시기는 특히나 서양 세력이 본격적으로 침공하는 시기라고 볼 수 있다. 1866년 병인년 프랑스 선교사와 천주교 신자들을 무차별적으로 학살한 병인박해를 빌미로 삼아 프랑스 군대가 강화도로 쳐들어왔으니, 우리는 이 전쟁을 병인양요라고 한다. 포인트는 프랑스 로즈 제독이 침략했다는 점과 한성근 장군의 문수산성 전투, 양헌수 장군의 정족산성 전투가 이루어졌다는 것, 프랑스가 퇴각하면서 의궤를 비롯한 유물을 약탈했다는 점이 시험에 출제된다. 그리고 오페르토가 대원군의 아버지 남연군의 묘를 도굴하다가 실패한 오페르토 도굴 사건이 있었고, 신미년에는 병인양요 이전에 미국인들이 통상을 요구하려고 평양에서 정박하고 시위를 하다가 평양 주민들의 제압으로 미국인들이 사망한 제너럴 셔먼호 사건을 빌미로 신미양요를 일으켰다. 시험의 포인트는 어재연 장군의 광성보 전투다. 대원군은 이러한 서양 세력들의 침입을 보며 통상 수교 거부 정책을 고집하겠다는 마음을 먹게 되고, 척화비를 세우며 다시 한번 각인한다.

　[순서]

> 병인박해(1866) → 제너럴 셔먼호 사건(1866) → 병인양요(1866) → 오페르토 도굴 사건(1868) → 신미양요(1871) → 척화비 건립(1871)

이하응(흥선대원군) 초상
(본 저작물은 공공누리 제1유형에 따라 국립중앙박물관의
공공저작물을 이용하였습니다)

머릿속에 박제하는 한국사

병인양요 갑곶진 전투 상상도
(본 저작물은 공공누리 제1유형에 따라 전쟁기념관의
공공저작물을 이용하였습니다)

신미양요 당시 미국 군함 알라스카호
(본 저작물은 공공누리 제1유형에 따라 전쟁기념관의
공공저작물을 이용하였습니다)

신미양요 참상
(본 저작물은 공공누리 제1유형에 따라 전쟁기념관의
공공저작물을 이용하였습니다)

2. 개항의 시작

가. 강화도조약(1876)

1873년 최익현의 탄핵상소문으로 흥선대원군이 하야하고 고종이 실질적인 집권을 하게 되었다. (물론 이 시기부터는 명성황후(민비)가 주도권을 잡고 정국을 이끌었다. 이른바 민씨 척족 정권이 시작된 것이다) 고종의 아내 명성황후와 고종은 흥선대원군과는 다르게 개화를 주장했다. 마침 1875년 일본의 군함 운요호가 강화도에서 무력시위를 하며 개항을 요구했다. 조선 정부에서는 일본과 싸워서 이길 자신이 없었기에 조약을 체결하고자 하였고, 결국 1876년 조일수호조규, 강화도조약을 체결하게 된다. 핵심 내용은 조선이 자주국이라는 내용과 항구를 개항한다는 내용, 조선의 해안측량권 허용과 치외법권을 인정하는 내용이다. 여기서 조선이 자주국이라는 내용은 조선을 위해서 일본이 만들어 준 내용이 아니라 조선은 청나라의 종속국이 아니라 독립국으로서 일본이 조선을 간섭할 가능성이 있다는 내용을 보여 주고 있다.

나. 조미수호통상조약(1882)

조미수호통상조약은 조선과 미국이 맺은 조약이다. 조선으로서는

머릿속에 박제하는 한국사

최초로 서양 세력과 체결한 외교 조약이기 때문에 의의가 크다.

  조선 정부가 서양 세력인 미국과 조약을 체결한 이유는 2차 수신사 김홍집이 가져온 『조선책략』이라는 책에서 비롯된다. 일본의 문물을 시찰하고 오라는 2차 수신사 일행 중 한 명인 김홍집은 일본에서 청나라 외교관 황쭌쉔을 만나 『조선책략』이라는 책을 받게 된다. 이 책의 대표 내용은 친중국, 결일본, 연미국이다. (러시아를 대항하기 위한 내용을 담고 있다는 뜻이다) 이 책은 국내로 반입한 이후 조선 외교관들의 필독도서가 되었고, 많은 이들이 이 책을 읽고 외교를 공부하게 된다. 그 이후 체결된 조약이 조미수호통상조약이다. 조약의 내용은 서로가 위기에 처하면 돕자는 거중 조정과 최고의 외교를 대해 주겠다는 최혜국 대우 등으로 볼 수 있다. 이 조약 체결로 조선은 미국에 보빙사라고 하는 외교 사절단을 파견하였으며, 조선은 그 이후부터 많은 서양 국가들과 조약을 체결하게 된다.

다. 개화를 위한 노력

  여러 국가와 조약을 체결하며, 개화의 필요성을 더더욱 느끼게 된 조선 정부는 본격적으로 개화를 하기 위해 움직이게 된다. 1880년 통리기무아문을 설치하여 개화 정책을 총괄하는 기구를 두었으며, 1881년 별기군을 창설하여 군대 편제를 개편하였다. 또한, 구식 군인 체제인 5군영을 2영으로 개편하기도 하였다. 근대 시설도 많이 설치하였는데,

1883년 인쇄를 담당하는 박문국을 설치하고, 근대 무기 제조 공장인 기기창을 1883년에 설치하였다. 1883년에는 화폐를 주조하는 전환국을 설치하고, 우편을 담당하는 우정총국을 1884년에 설치하였다. 우정총국은 후에 설명할 갑신정변의 장소가 된다.

라. 위정척사파의 운동

이 표로 간단하게 정리하겠다.

　　　　　머릿속에 박제하는 한국사

3. 임오군란(1882)과 갑신정변(1884)

가. 임오군란

신식군인 별기군을 창설하고 구식 군인 체제를 5군영에서 2영으로 개편하였다. 구식 군인으로서는 기존의 군대를 구식으로 칭하고 새로운 신식 군대 별기군을 창설하니 불만이 이만저만이 아니었다. 게다가 구식 군인들에게는 대놓고 차별하거나 열악한 대우를 받았고, 그들의 불만은 13개월 치 급료 미지급으로 폭발한다. <u>정부는 급하게 13개월 치 급료를 주었으나, 급료로 받은 쌀의 절반이 모래와 돌로 이루어진 것을 본 구식 군인들은 난을 일으켜 권세가와 고관들의 집을 습격하여 죽이기 시작했다.</u> 그들의 분노는 일본 공사관으로 이어졌고 일본 공사관을 습격하여 별기군의 일본인 군사 교관을 살해한다. 군인들의 분노는 자연스레 분노가 쌓여 가고 있었던 백성들의 가세로 이어졌고, 이들은 궁궐을 습격한다. 민비(명성황후)는 도망갔고 이들은 흥선대원군을 다시 궁궐로 불러들인다. 대원군은 실권을 잡자 모든 개화 정책을 중단한다. 한편 도망갔던 명성황후는 청나라에 구원을 요청했고, 청나라는 군대를 파병한다. 청나라 군대는 흥선대원군을 생포하고 톈진으로 압송하며 군란을 제압한다. 이렇게 민씨 가문은 재집권하게 된다.

이 결과로 <u>조선과 일본은 제물포조약을 체결</u>하게 된다. 조약의 내용은 일본 정부에 배상금을 지급한다는 것과 일본 공사관에 경비병을 주둔할 수 있도록 인정해 주는 내용을 갖고 있다. 또한, <u>조선은 청나라와 조청상인수륙무역장정</u>을 체결하게 된다. 이 조약에서는 조선이 청나라의 속국이라는 내용과 청나라 상인의 내륙에서 통상할 수 있는 권리를 갖게 된다. 그리고 청나라의 내정 간섭은 임오군란을 기점으로 더욱더 심해지게 된다. 조선의 주인은 바로 청나라라는 것을 보여 주려는 생각인 것이다.

나. 갑신정변

당시 상황을 보면, 청나라의 내정 간섭이 극심해지고 민 씨 정권의 견제로 인하여 개화 정책이 지연되고 있었다. 당시 조선의 정치세력은 개화를 반대하는 위정척사파와 개화를 원하는 개화파로 분화되어 있었다. 그러나 시간이 지나면서 개화파도 개화 온도에 따라서 온건개화파와 급진개화파로 분화가 되었다. 온건개화파는 김홍집, 김윤식이 필두로 청과의 관계를 중시하며, 전통 사상을 고수하며 서양의 문물을 수용하자는 점진적인 개혁을 주장하였다. <u>반면 급진개화파는 김옥균, 박영효 등의 인물이 청과의 사대를 폐지하고 서양의 문물과 사상까지 모든 것을 바꾸자는 급진적인 개화운동을 주장하는 세력이었다.</u>

시간이 흘러 급진개화파에게 달가운 소식이 들려왔다. 만약 급진개화파가 정변을 일으킨다면, 일본이 일본 공사관에 주둔하는 경비병을 지원해 준다는 약속을 해 준 것이다. 급진개화파는 곧바로 정변을 일으킬 준비를 하였고, 날짜를 정하였으니 그날이 바로 우정총국 개국 축하연이었다. 축하연이 시작되자 급진개화파는 곧바로 정변을 일으켰고, 고종과 명성황후의 거처를 경우궁으로 옮겨 탈출하지 못하도록 막았다. 급진개화파는 14개조 혁신 정강을 발표하며 새로운 세상이 열렸다는 것을 선포하였으나, 청나라 군대의 개입과 많은 청나라군에 겁먹은 일본군의 철수가 맞물리며 혁명은 3일 만에 끝나게 되니, 우리는 이를 삼일천하라고 부른다.

갑신정변으로 조선과 일본은 한성조약을 체결하였으며, 조약의 내용은 일본에 조선이 배상금을 지급하는 내용이다. 중요한 점은 청나라와 일본이 갑신정변 이후 조약을 체결하였는데 그 조약은 톈진조약이다. 톈진조약의 내용은 조선에서 청나라와 일본의 군대가 철수하고, 만약 청나라 혹은 일본의 군대가 조선으로 진주하였을 때에 양쪽 국가에 서로 알려 줄 것을 규정하는 내용이다. 그 이후 조선에서는 유길준을 필두로 한반도 중립화론을 주장하는 세력도 있었고, 한편 영국은 러시아를 견제하기 위해 거문도를 점거하는 사건도 있었다. 또한, 청나라와 일본은 누가 조선의 주인인가 하는 내용으로 치열하게 대립하였다. 이는 후에 청일전쟁을 초래하는 전초전이었다.

4. 동학 농민 운동과 갑오개혁

가. 동학 농민 운동(1894)

1894년 조선은 대격변기로 들어간다. 지금부터 소개할 동학농민운동과 갑오개혁은 1894년에 발생한 국가적인 사건들이다. 사건마다 규모도 너무 크고 자세히 공부하기에는 많은 자료와 논문들이 있으므로 키워드 중심으로 공부하도록 하자.

동학은 서학의 반대되는 개념으로 1대 교주 최제우가 창시한 종교이다. 참고로 서학은 우리가 알고 있는 크리스트교다. 시간이 흘러 1대 교주 최제우가 조선 정부에게 사형당하고, 최시형이 2대 교주가 된다. 2대 교주 최시형은 지방마다 포주와 접주라는 포접제라는 제도를 통해 조직체계를 구성하여 충청도, 전라도, 경상도 일대에 교세를 확대하게 된다. 교세가 확장되고, 신도들이 많아지자 1대 교주 최제우의 명예를 회복하기 위해 동학은 교조신원운동을 벌이게 된다. 삼례 집회, 복합 상소, 보은 집회 등의 키워드가 나오면 교조신원운동이다.

이런 상황에서 고부 지방에 군수 조병갑이 고부 군민들의 노동력을 착취하고, 권력을 남용하는 횡포를 일삼는다. 이를 계기로 고부 지역

머릿속에 박제하는 한국사

의 접주 전봉준이 들고일어났고, 조병갑을 쫓아내고, 관아를 습격하게 된다. 이후 조정에서는 안핵사(조선 후기 지방에서 사건이 발생하였을 때 이의 처리를 위하여 파견한 임시관직. 한국민족문화대백과사전) 이용태를 파견하여 고부 지역의 분노를 잠재우려고 했지만, 안핵사 이용태가 되레 농민들을 더욱더 탄압하자, 동학교도를 비롯한 농민군들이 들고일어나 조정과 전투를 치렀다. 그 전투가 황토현, 황룡촌전투다.

　농민군들은 전주성을 점령하였고, 조정은 자국의 국민 분노를 힘으로 누르기 위해 청나라 군대에 지원을 요청하였다. 청나라 군대를 부른 것은 참으로 대단한 결정이다.(반어법) 과거 갑신정변을 통해 일본과 청나라는 톈진조약을 체결하여, 조선으로 군대를 파견한다면 상대국에 이를 알려야 한다는 조약을 체결한 적이 있다. 청나라 군대를 불렀기 때문에 자연스레 일본군도 파견이 되어 한반도에는 청나라 군대와 일본 군대, 그 사이에 끼어 버린 조선 군민과 백성들이라는 구도가 이루어지게 되었다. 농민군들은 당황했다. 세상에 자국 군민을 제압하기 위해 외국의 군대를 부른다는 생각을 누가 했겠는가? 이 상황은 서둘러 잠재우기 위해 농민군은 정부와 전주화약을 체결하고, 동학 농민군들이 자체적으로 폐정을 개혁하는 조치를 했다.

　동학 농민군들의 폐정 개혁안에는 집강소(개혁 기구)를 설치하고, 교정청(정부 개혁 추진 기구)을 설치하여 개혁의 시동을 걸었으며, 토지 균등 분배, 탐관오리 징계, 신분제 철폐, 과부의 재가를 허용 등의 폐정 개혁안을 추진하려고 하였다. 동학 농민군이 문제를 해결하려고 하였으나, 일본군과 청군은 이미 조선 내륙으로 들어왔다. 그런데 갑자기 일본군은 갑자기 조선의 중심, 경복궁을 습격하여 점령하였다. 청군은 이에 반발하여 일본군과 전쟁을 치르게 되니, 이 전쟁이 청일전쟁이다.

한편 조선 정부가 교정청을 설치하여 개혁하겠다고 하였으나, 개혁이 미적지근하였다. 또한, 경복궁을 점령한 일본군이 내정을 간섭하면서 상황이 악화하기 시작하자 이런 상황을 해결하기 위해 동학 농민군이 다시 한번 들고일어났다. 동학 농민군은 남접과 북접이 합세하여 한양으로 향했으나, 일본군과 관군과의 전투(공주 우금치전투)에서 사실상 학살당하며 패전하였고, 전봉준 등의 동학 농민군 지도자들이 체포당하며 상황이 끝나게 된다.

나. 갑오개혁과 을미개혁

1894년 일본군은 텐진조약을 계기로 한양으로 들어오다, 갑작스럽게 경복궁을 점령하였다. 일본군은 내정 개혁을 강요하며, 제1차 김홍집 내각을 수립하였고 교정청을 폐지하고 군국기무처를 설치하여 개혁 기구를 변화시켰다. 1894년 갑오개혁의 키워드는 다음과 같다. 우선 독자적인 연호를 사용하였다.(조선 건국을 기점으로 연호 사용) 행정기구를 개편하였다. 또한, 과거제도를 폐지하였고, 재정과 관련된 모든 권한을 탁지아문으로 통폐합시켰다. 경제 체제도 은본위 제도로 바꾸었으며, 공노비와 사노비를 혁파하고 연좌제를 철폐하는 등 많은 개혁을 이루었다.

한편 청일전쟁은 일본의 승리로 끝이 났다. 일본은 군국기무처를 폐지하고, 친일 내각을 구성하며 변화를 주었다. 고종은 홍범 14조를 반포하며, 자주독립의 의지를 보이기는 하였다.(홍범 14조란 청으로부터 자주 독립, 근대적인 정부 운영, 왕실 사무와 국정의 분리, 조세법정주의, 재정 일원화와 예산 제도의 확립, 지방 관제 개정, 인재 등용 확대, 죄형법정주의와 인민의 생명·재산 보호 등 근대적인 통치 방침의 근간을 세운 개혁 강령이다. 홍범 14조, 한국민족문화대백과사전) 2차 갑오개혁의 영향으로 고종 황제는 교육의 방향을 제시하는 교육입국 조서를 반포하였으며, 사법권을 독립시켰다.

청일전쟁에서 승리한 일본은 청나라에 막대한 양의 배상금과 랴오둥반도를 획득하였다. 그러나 주변 강대국 러시아, 프랑스, 독일의 압력으로 일본은 랴오둥반도를 다시 청나라에 반환하게 되었다. 이를 우리는 삼국간섭이라고 한다. 반대로 조선 정부에서는 자주 국가를 건설하기 위해 3차 친러 내각을 구성하게 된다. 친일 내각에서 친러 내각으로 교체가 발생한 것이다.

일본군은 조선의 친러 행보를 아주 싫어했다. 조선의 친러 행보를 막기 위해 일본은 친러 내각을 주도했다고 생각하는 조선의 국모 명성황후를 살해하게 되니, 이를 을미사변(1895)이다. 조선의 국모가 시해되는 상황이 발생하니 조선 정부에서는 상당한 혼란이 가중되있고, 친러 내각은 자연스레 친일 내각으로 다시 또 변모하게 된다. 친일 내각이 추진한 을미개혁의 키워드는 다음과 같다. 건양이라는 연호를 사용하였고, 태양력을 사용하였으며, 단발령을 시행하였다. 을미개혁이 발생하자 조선의 백성들은 반발하게 되었고, 이는 을미의병으로 이어지게 된다. 이는 고종의 단발령 철회와 의병 해산 권고 때문에 해산되었다.

고종은 명성황후가 시해되었던 을미사변 이후로 신변의 위협을 느끼게 되었고, 러시아 공사관으로 피난하러 가게 되니 우리는 이를 아관파천이라고 부른다. (1896년) 국가의 왕이 러시아 대사관으로 피난 간 상황이니 이는 자연스럽게 러시아의 내정 간섭으로 이어진다.

일제강점기 의병
(본 저작물은 공공누리 제1유형에 따라 한국학중앙연구원의
공공저작물을 이용하였습니다)

머릿속에 박제하는 한국사

5. 독립협회와 대한제국

가. 독립협회

　지금부터는 독립협회를 주제로 공부해 보자. 독립협회는 1896년에 설립되어 1898년까지 이어진 단체다. 독립협회의 시초는 서재필 박사의 『독립신문』 창간이다. 독립신문이 창간한 이후에 1896년 독립협회를 자주독립을 목표로 창립하였다. 독립협회는 독립문과 독립관을 설치하고, 토론회와 강연회를 열어 민중 계몽 운동을 하였다. 참고로 독립문은 일본으로부터 독립하는 것이 아니라, 청나라로부터 자주독립하겠다는 의지를 건물로 표현한 것이다. 따라서 가끔 선지에서 청나라의 사신을 영접하는 영은문을 헐고 독립문을 건설했다는 이야기도 옳은 표현이다. 독립협회는 러시아의 절영도조차 요구를 반대하는 이권수호 운동도 진행했다. 또한, 만민공동회를 개최하여 민권 신장 운동을 했으며, 국정 개혁안 헌의 6조를 결의하고 국왕의 자문기관 중추원을 개편하여 의회 설립을 하려고 하였다. 만약 이 시기에 의회가 설립되었다면, 한국은 민주주의를 일찍 경험할 수 있었을 것이다. 개혁의 바람이 불자, 일부 보수 세력에서는 독립협회가 왕을 내쫓고 공화정을 수립하려는 모함을 고종에게 전했다. (익명서 사건) 고종은 즉시 독립협회 해산을 명령하였으며, 고종이 군대를 동원하여 독립협회를 해산

시켰다.

나. 대한제국

1896년 아관파천 이후 고종은 1년 후인 1897년 덕수궁으로 돌아왔다. (환궁) 고종은 연호를 광무로 고친 이후로, 환구단에서 황제 즉위식을 거행하고 국호를 대한제국으로 선포하였다. 1897년 대한제국을 건국한 고종은 광무개혁을 단행했다. 광무개혁의 핵심은 구본신참이다. 구본신참의 뜻은 옛날의 문물을 바탕으로 개혁을 추진한다는 뜻이다. 일본의 급진적 개화보다는 중국의 온건적 개화를 하겠다는 의지이다. 광무개혁의 키워드는 황제권의 무한함을 강조하는 대한국 국제 반포와 황제 직속의 군사 기관인 원수부 설치, 양전 사업과 토지 증명서 지계 발급 정도로 볼 수 있다. 간도에 관리사를 파견하였다는 선지도 광무개혁의 포인트 중 하나다.

머릿속에 박제하는 한국사

6. 국권 피탈 과정

가. 러일전쟁(1904. 2.)

한반도와 만주를 두고 청나라와의 경쟁에서 승리한 일본은 동아시아의 패권 자리를 넘보는 러시아와 다시 경쟁하게 된다. 대한제국은 국외 중립을 선언하였지만, 일본과 러시아는 결국 한반도의 이권을 놓고 서로 전쟁한다. 일본은 러일전쟁에서 우위를 점하기 위해 한일의정서를 체결하고, 한반도에서 군사적 요충지를 이용할 수 있게 된다.

나. 제1차 한일협약(1904. 8.)

일본은 대한제국을 통치하기 위해 점차 자신의 세력을 대한제국의 고문으로 임명한다. 우선 재정 고문 스티븐슨과 군사 고문 메가타를 대한제국 고문으로 임명하였다. 우린 이를 고문 정치라고 한다.

다. 일본의 한반도 지배 야욕과 열강의 묵인

- 가쓰라-테프트 밀약(1905): 일본과 미국은 미국이 필리핀을 지배하는 것과 일본이 조선을 지배하는 것에 대해서 서로를 암묵적으

로 인정해 주기로 하였다. 미국은 조미수호통상조약을 체결할 당시 거중 조정이라는 내용을 넣었다. 조선과 미국이 서로를 보호해 주자는 의미인데 가쓰라-테프트 밀약으로 소미수호통상조약의 의미가 없어졌다.

- 제2차 영일 동맹(1905): 일본은 영국의 식민지배를 인정해 주고, 영국은 조선의 식민지배를 인정해 주는 내용이다.
- 포츠머스조약(1905): 러일전쟁은 일본의 승리로 끝이 났다. 일본은 러시아에 한반도에 대한 독점적 지휘권을 확보해 달라는 요구를 하였고, 러시아는 이 조약을 받아들이고 동아시아 지배권에서 물러난다.

라. 일제의 본격적인 국권 침탈

1905년 11월 을사늑약이 체결된다. 고종 황제의 도장이 찍히지 않아 무효이지만, 당시에는 강제로 체결되어 통과되었다. 을사늑약을 주도한 이들을 을사오적이라고 한다. 일본 제국은 대한제국을 간접적으로 통치하기 위해 대한제국의 외교권을 박탈하고 조선에 통감부를 설치하게 된다. 이에 반발하는 조선의 백성들은 반발하게 되는데, 대표적으로 최익현 등의 주도로 의병 활동을 일으킨 을사의병이 있다.

고종은 을사늑약의 부당함을 세계에 알리기 위해 헤이그에 특사를 파견하기로 하고, 이상설, 이준, 이위종을 특사로 헤이그에 파견하였다. 다만 일본은 고종의 비밀 특사 계획을 알게 되어 헤이그에서 방해 공작을 펼쳤으며, 결국 헤이그 특사 임무를 완수하지 못한다. 고종의 저항에 대한 일본 제국의 판단은 고종의 강제퇴위라는 결정으로 이어지게 되었다.

고종을 강제퇴위 이후, 순종 황제가 즉위한다. 일본은 순종 황제를 압박하여 강제로 조약을 체결하였는데, 이 조약의 이름이 한일신협약, 정미 7조약이라고 한다. (1907년) 통감부의 힘을 더욱 강화했다는 것과 대한제국의 군대를 해산했다는 점을 기억하자. 국방과 군인은 국가의 자주독립의 핵심적인 요소인데, 이를 빼앗겼다면 군인들의 분노는 상상도 하지 못할 정도로 높았을 것이다. 군인들은 이에 반발하여 의병에 곧바로 합류하였으며(정미의병), 의병은 13도 창의군을 결성하여 서울 진공 작전을 전개하였으나 실패로 돌아가게 된다.

결국, 1910년 한일병탄조약이 체결됨으로써, 통감부는 총독부로 확

대 개편되고, 대한제국은 역사의 뒤안길로 사라졌으며, 한반도는 본격적으로 식민통치 35년의 시기를 맞는다.

물론 의병들의 항쟁도 꾸준히 있었다. 1905년 을사늑약에 반발하여 민영환이 자결하였고, 전명운 의사의 스티븐슨 사살과 안중근 의사의 이토 히로부미 저격이 있었다. (1909년)

순국 직전의 안중근 의사
(본 저작물은 공공누리 제1유형에 따라
한국학중앙연구원을 이용하였습니다)

마. 애국 계몽 운동과 경제적 구국 운동

독립하기 위해서는 우리가 먼저 강해져야 한다는 애국 계몽 운동이

머릿속에 박제하는 한국사

을사늑약(1905)을 전후로 본격적으로 일어나기 시작했다. 대표적으로는 보안회, 헌정연구회, 대한 자강회, 신민회가 있다. 보안회는 일제의 황무지 개간권 반대 운동을 하였고, 실제로 일제가 황무지 개간권을 철회하였다. 헌정연구회와 대한 자강회는 이름만 우선 기억을 해 두고 (더 알고 싶다면, 따로 찾아보기를 추천한다. 중요한 역사이지만, 시험에서의 출제 빈도는 높지 않다) 신민회를 주목해서 보자. 신민회는 안창호, 양기탁 등의 독립운동가들이 중심으로 만들어진 비밀 결사 조직이다. 이들의 궁극적 목적은 공화국 체제의 근대 국가 건설이었으며, 실력 양성을 통한 무장 독립 투쟁을 준비하였다. 우선 신민회는 오산학교와 대성학교를 설립하였고, 태극 서관과 자기회사 등의 기업도 운영하였다. 마지막으로 무장 독립 투쟁을 준비하기 위하여 만주 삼원보 위치에 신흥 강습소를 설립하여 국외에서 자유롭게 무장 독립운동 기지를 건설하였다. (내신을 준비하는 사람이라면, 항일 언론사들을 중점으로 암기해야 할 필요가 있다)

안창호
(본 저작물은 공공누리 제1유형에 따라
한국학중앙연구원의 공공저작물을
이용하였습니다)

경제적 구국 운동도 있었다. 대표적인 운동이 국채 보상 운동이다. 국채 보상 운동이 발생한 이유는 일본의 철저한 계획 속에 진행된 대조선 경제 정책이다. 우선 일본은 조선의 화폐를 일본의 화폐 등으로 정리하는 화폐 정리 사업을 하였고, 기타 등등의 경제 정책들을 통해 조선이 일본 경제로 예속되기 위한 절차를 밟았다. 이 과정을 설지면서 조선은 일본에 1,300만 원의 국채를 지게 되었다. 서상돈과 김광제는 대구에서 국민이 성금을 모아서 직접 국채를 갚고 경제적 주권을 얻자고 주장하게 되었고, 『대한매일신보』 등 언론기관의 적극적인 후원으로 차관 갚기 운동이 진행되었다. 결론적으로는 일진회 등의 친일 단체의 방해와 일제의 직간접적인 방해로 실패하고 말았다.

[TMI: 국채 보상 운동]

> 이러한 목적에 의하여 제1차 한일협약 이후 우리나라에 재정 고문으로 부임한 메카타(目賀田種太郎)는 1906년까지 네 차례에 걸쳐 1,150만 원의 차관을 도입하였다. 제1차 차관은 1905년 1월 '폐정리자금채'라는 명목으로 해관세(海關稅)를 담보로 한 3백만 원이었다. 제2차 차관은 1905년 6월 우리 정부의 부채 정리와 재정 융통에 필요한 자금 명목으로 한국의 국고금을 담보로 2백만 원을 들여왔다. 제3차 차관은 1905년 12월 우리나라의 토착 자본을 일본 자금에 예속시킬 목적으로 금융자금채 150만 원을 들여왔다. 제4차 차관은 1906년 3월 기업자금채의 명목으로 5백만 원을 들여왔다. 김광제·서상돈은 1907년 2월 21일 자 『대한매일신보』에 "국채 1천 3백만 원은 바로 우리 대한제국의 존망에 직결되는 것으로 갚지 못하면 나라가 망할 것인데, 국고로는 해결할 도리가 없으므로 2천만 인민들이 3개월 동안 흡연을 폐지하고 그 대금으로 국고를 갚아 국가의 위기를 구하자"고 발기 취지를 밝혔다.
>
> ‒ 국채보상운동, 한국민족문화대백과사전

머릿속에 박제하는 한국사

VI.

일제강점기

1. 1910년대

가. 무단통치기

1910년부터 1919년까지의 일본 제국의 조선 통치 정책은 '무단통치기'라는 단어로 요약할 수 있다. 일제는 헌병 경찰을 앞세워 강압적으로 조선을 식민 통치하기 시작하였는데, 중요한 사항은 다음과 같다. 첫째는 조선 총독부를 설치했다는 것이다. 앞서 통감부가 조선에 설치되었었는데 이를 총독부로 확대 개편한 것이다. 다음에 조선의 법궁 경복궁 정문인 광화문 앞에 조선 총독부 건물이 들어서게 된다. 둘째는 헌병 경찰제를 시행하였다. 군인인 헌병 경찰이 범죄를 보는 순간 재판을 걸치지 않고 곧바로 처벌하는 범죄 즉결례를 한국인에게만 적용하여 처벌하였다. 셋째는 조선 태형령 제정이다. 한국인만 때려서 처벌하겠다는 내용이다.

일제는 경제 수탈도 체계적으로 진행하였다. 우선은 토지 조사 사업을 하여 기한 내에 토지를 신고하게 하고, 신고하지 않은 미신고 토지는 총독부로 귀속시켰다. 짧은 기간에 복잡한 절차를 걸쳐 많은 이들이 토지를 신고하지 못하였다. 결과적으로는 동양 척식 주식회사의 보유 토지가 많아지고, 이를 다시 일본인들에게 팔아 한반도에 정착하는

머릿속에 박제하는 한국사

일본인들이 많아졌으며, 조선인들은 만주와 연해주로 피난 간다. (참고로 회사령을 제정하여 총독의 허가를 받은 회사만을 설립할 수 있게 하였다. 이는 조선인의 회사 설립을 억제하려는 제도로 볼 수 있고, 시험에서는 민족 자본의 성장을 억제한다는 선지로 출제된다)

나. 1910년대 독립운동

1910년대 국내 독립운동은 2개의 단체를 기억해야 한다. 첫째는 고종의 밀지를 받고 대한제국의 군주정을 다시 건설하려고 시도하는 독립의군부라는 단체를 기억해야 한다. 이 단체를 만든 사람은 임병찬이라는 독립운동가다. 키워드는 임병찬, 복벽주의(군주제로 돌아가자)다. 두 번째 단체는 대한광복회이다. 대한광복회는 박상진이 주도해서 설립되었으며, 공화정을 수립을 목표로 독립자금을 모으고 친일파를 처단하였다. 주의할 점은 대한광복회는 공화정 체제를 건설하려는 것을 목표로 세워졌고, 독립의군부는 고종 황제 체제로 돌아가야 하는 것을 목표로 세워졌다는 것이다. 이 둘의 차이가 극명하게 갈라지니 필히 기억하자.

국외에서도 독립운동은 가열차게 이어진다. 남만주 지역에서는 신흥강습소(신흥 무관 학교)가 세워져 독립운동가들을 양성하였으며, 이회영, 이동녕 등이 삼원보 지역에서 한인 자치 기구 경학사를 설립하여 운영하였다. 북간도 지역에서는 대종교 신자들이 중추가 되어 결성한 중광단(훗날 북로 군정서)이 있으며, 서전서숙과 명동학교와 같은 교육기관이 북간도 지역에 세워졌다. 연해주 지역에서는 무장 독립 투쟁을 준비하는 대한 광복군 정부가 세워졌다. 미주에서는 외교 활동을 중심으로 하는 대한인 광복회와 하와이 지역에서 활동했던 박용만의 대조선 국민 군단, 멕시코 지역에서 독립군 양성을 위해 설립된 숭무학교가 시험에서 출제된다.

머릿속에 박제하는 한국사

2. 3.1 운동과 대한민국 임시정부

가. 3.1 운동

1919년 3월 1일 무단통치에 뿔난 한민족은 최대의 만세운동을 벌이게 된다. 3.1 운동이 시작된 배경은 총 3가지 정도로 요약해서 설명할 수 있다. 첫째는 우드로 윌슨의 민족 자결주의이다. 미국 대통령 윌슨은 파리 강화 회의에서 모든 민족에게는 정치적인 운명을 스스로 결정할 권리가 있다는 민족 자결주의를 제창하였다. 사실 미국은 식민지 국가가 별로 없었고, 영국을 비롯한 열강들이 식민지를 많이 보유하고 있었기 때문이라는 이야기도 있으나, 어찌되었던 한민족에게는 우리가 스스로 우리의 운명을 결정할 수 있다는 민족 자결주의를 듣자 독립을 할 수 있겠다는 희망이 생기게 된다. 둘째는 여운형이 조직한 신한 청년당이 파리 강화 회의에 김규식을 대표로 파견하고, 독립청원서를 제출하였으며, 마지막으로 셋째는 일본 도쿄에서 2.8 독립 선언서 발표가 3.1 운동의 기폭제가 되었다.

이런 와중에 국내 정치 상황은 최악으로 가고 있었다. 고종이 갑작스레 서거하면서 정국은 얼어붙었고, 사람들 사이에서는 고종이 독살당했다는 고종 독살설로 인하여 분위기가 험악해지고 있었다. 2.8 독립 선언서로 자극을 받은 국내 독립운동가들과 학생들은 만세운동을 계획하게 되었고, 민족 대표 33인은 3월 1일 날 태화관에서 독립 선언서를 낭독하고, 학생 시민들은 탑골 공원에서 만세운동을 하면서 진국적으로 만세운동이 퍼져 나가게 된다. 일제는 3.1 운동을 가혹하게 탄압하였고 가장 대표적인 예시가 제암리 학살 사건이다. 사건의 내용은 상당히 잔인하나 설명하기에는 내용이 출제되지는 않기 때문에 궁금하신 분들은 찾아보길 바라며, 핵심은 제암리에 있는 마을 주민들을 일제가 학살하였다는 것임을 기억해 주기를 바란다.

나. 대한민국 임시정부

3.1 운동 이후 독립운동가들은 통일된 거대한 독립운동본부의 필요성을 느끼고 상하이에서 대한민국 임시정부가 1919년 4월 11일에 수립되었다. 시험에서 자주 나오는 포인트는 국내 비밀 행정 조직 연통제와 비밀 통신망 교통국이라는 내부 조직을 구성하고 있으며, 해외 한민족 동포들에게는 독립 공채를 모금함으로써 독립운동을 지원하였다는 것이다. 외교활동으로는 대표적으로 구미 위원부(미국)를 설치하였다.

1920년대 대한민국 임시정부는 위기를 맞게 되었다. 연통제와 교통국이 외부로부터 발각되었으며, 임시정부의 대통령이었던 이승만은 미국 대통령에게 한국을 국제 연맹에 위임하여 통치해 달라는 위임통치 청원서를 보내 내부에서 반발이 거세졌다. 내부의 의견을 정리하고 하나로 모으기 위해 모든 독립운동가가 모여 국민대표 회의(1923)를 했으나, 양측의 입장을 다시 한번 더 확인하는 꼴에 지나지 않았다. 결국, 이승만 대통령은 탄핵당하였고, 제2대 임시정부 대통령으로 박은식이 선임되었다.

대한민국 임시정부 요인
(본 저작물은 공공누리 제1유형에 따라 한국학중앙연구원의
공공저작물을 이용하였습니다)

3. 1920년대

가. 문화통치 시기

　3.1 운동 이후, 일제는 친일파 양성을 통해 국내의 여론을 분열하는 정책을 취하였다. 이 시기에 설립된 국내 대학이 서울대학교의 전신인 경성제국대학이다. 문화통치 시기에 일본은 경제 수탈을 본격적으로 제도화하여 진행하였다. 우선 산미 증식 계획을 진행하였는데, 산미 증식 계획이란 쌀을 수탈하기 위해 조선의 쌀의 생산량을 늘리는 정책을 시행하였다. 그리고 회사령을 폐지하고 조선인이 회사를 설립하기 위해서는 신고만 해도 된다는 신고제를 채택하였는데, 이는 조선인에게 편의를 제공하는 것이 아니라 9년 동안 조선에서 활동하고 입지를 다진 일본인들의 기업들이 조선에서 자리를 잡았기에 굳이 조선인들의 회사 설립을 억제할 필요가 없었기 때문이다.

나. 실력 양성 운동

　시험에 나오는 실력 양성 운동은 대표적으로 2가지가 있다. 우선 실력 양성 운동이 1920년대에 나오게 된 이유는 민족이 힘이 없어 일본에 국권을 피탈당했다고 생각한 지식인들이 우리 민족의 힘을 기르자는 의미에서 나오게 되었다는 짧고 간략한 이유를 알고 들어가면 더 좋을 것 같다. 우선 물산 장려 운동을 알아보자. 평양에서 시작된 물산 장려 운동은 조만식을 중심으로 시작되었다. 대표적인 구호는 '조선 사람 조선 것'이다. 일제 물건을 사서 쓰지 말고, 조선 사람은 조선 물건을 사용하여 국내 조선인의 기업의 힘을 기르게 하자는 뜻이라고 생각하면 된다. 두 번째는 민립 대학 설립 운동이다. 이상재 등의 지식인 독립 운동가들이 주축이 되어 조선 민립 대학을 설립하기 위해 노력하였다.

다. 그 밖의 운동

키워드만 기억하자.

- 암태도 소작 쟁의(1923, 농민운동)
- 원산 노동자 총파업(1929, 노동운동)
- 형평운동(진주, 조선 형평사 결성, 백정에 대한 사회적 차별 금지 주장)

라. 시험에 무조건 나오는 대중 투쟁과 독립운동

① 6.10 만세 운동(1926)

대한제국의 2번째 황제이자, 조선왕조의 마지막 왕인 순종이 서거하였다. 순종 서거 이후, 순종 장례에 맞추어 민족주의 세력과 사회주

세력, 학생 등의 단체가 모여 시위를 준비하고 대규모 만세 운동을 기획하였으나, 계획이 사전에 발각되어 무마되었다. 그러나 학생 단체는 예정대로 시위를 진행하기는 하였다.

② 민족 유일당 운동(1927)

6.10 만세 운동 이후 민족주의 진영과 사회주의 진영은 힘을 합칠 가능성을 보았고, 결국 사회주의 단체 정우회가 민족주의 진영과 연대를 주장하는 정우회 선언을 계기로 비타협적 민족주의 계열과 사회주의 계열이 연합하여 신간회(1927)를 설립하였다.

[TMI]

민족주의는 비타협적 민족주의와 타협적 민족주의로 구분된다. 타협적 민족주의자들은 자치론을 주장하는 자들인데, 자치론이란 일본제국이 한반도를 지배한다는 전제하에 조선이 의회를 독자적으로 설치하고 일정 부분 내정에 대한 자치권을 부여받자고 하는 주장이다. 이에 반발하는 민족주의자들이 있었을 텐데, 우리는 이들을 비타협적 민족주의자들이라고 부른다. 앞서 비타협적 민족주의자들과 사회주의자들이 연합하였다고 한 부분에 관한 설명이니 이해하길 바란다.

③ 신간회

앞서 설명하였던 것처럼, 신간회는 민족 대단결을 원칙으로 하는 거대한 독립운동 단체였다. 이들은 자치론을 주장하였던 타협적 민족주의자들을 기회주의자들이라고 비판하였으며, 기회주의 배격이라고 하는 강령을 만들어 이들의 의지를 확고히 하게 된다. 신간회는 광주 학생 항일 운동(1929)에 진상조사단을 파견하였으며, 근우회라는 자매단체를 설립하여 여성운동을 전개하였고, 원산 총파업을 지원하였다. 시험에서 무조건 출제하는 범위이기 때문에 기억하기를 바란다.

④ 광주 학생 항일 운동(1929)

굉장히 어렵고 복잡한 사건들로 가득한 광주 학생 항일 운동은 1920년대에 발생한 중요한 사건이기 때문에 시험에도 잘 나오고, 어려운 선지로 출제되는 상황이다. 그렇기에 우리는 이를 공부해야 하는데, 쉽게 요약하자면 광주에 있는 일본인 학생들의 시비로 조선인 학생들과 일본인 학생들끼리 싸움이 벌어졌는데, 일본 경찰은 편파적으로 수사하고 검거하기에 이른다. 이에 그동안 차별받고 무시당하였던 조선인들의 감정이 촉발되어 전국적으로 사건이 커진 항일 투쟁이다. 광주 학생 항일 운동에서 신간회는 진상조사단을 파견하여 지원했다.

⑤ 의열단

의열단은 3.1 만세 운동 이후 대표적으로 김원봉의 주도하에 만주 지린성에서 조직되었던 독립운동 단체다. 3.1 운동 이후 미온적(외교적, 평화적) 독립운동보다 적극적이고 투쟁적인 독립운동을 지향하며 만들어진 의열단은 신채호의 조선혁명선언을 강령으로 하며, 나석주 의사의 동양척식 주식회사 폭탄 투척 사건, 김상옥 의사의 종로경찰서 폭탄 투척 사건 등의 굵직굵직한 무장투쟁을 하였고, 이는 한민족 무장독립운동사에 한 획을 그었다. 의열단은 제대로 된 무장투쟁을 하기 위해 황푸 군관 학교에 의열단원을 파견하여 실력을 기르게 하였고, 조선 혁명 간부 학교를 설립하여 전투를 연마하였다. 또한, 의열단은 중국 내의 독립운동가들을 하나로 규합하기 위해 민족 혁명당을 1935년에 창당하기도 하였다.

⑥ 무장투쟁사(史)

무장투쟁사는 독립운동가들이 일제에 직접적인 타격과 피해를 주기 위해 국외 지역에서 행한 독립운동으로 말 그대로 독립운동가들이 무장을 하여 일제(일본 제국)에 대하여 투쟁하는 역사를 공부하게 된다. 내용도 상당히 어렵고 복잡하며 깊게 내용을 파고 들어가면 한도 끝도 없이 들어갈 수 있는 범위이기에 우리는 여기서 가장 중요한 큰 틀의 무장투쟁사를 순서대로 공부하게 될 것이다. 더 관심이 있는 사람들은 후에 따로 공부하는 것을 추천한다.

첫째는 봉오동전투다. 봉오동전투는 1920년에 발생한 독립운동이다. 홍범도 장군이 이끄는 대한 독립군을 필두로 한 여러 독립운동 세력이 모여 일본군과 싸운 전투였으며, 독립운동가들이 승리를 거두었기 때문에 더욱 의미가 있는 전투이기도 하다. 일본 제국군의 패배에 적잖이 당황한 일본은 월강(강을 건너다) 추격대라는 정예부대를 조직하여 독립군 섬멸을 목표로 북진하기 시작했다. 이를 알아챈 독립운동가들은 한 지역으로 모이게 되는데, 이곳이 바로 청산리다. 청산리에

모인 독립운동가 중에서 시험에 가장 많이 나오는 독립운동가와 부대
는 2가지로 요약할 수 있는데, 첫째는 김좌진 장군의 북로군정서군이
고, 둘째는 홍범도 장군의 대한독립군이다. 김좌진 장군과 홍범도 장
군 등의 독립운동가들은 백운평전투, 어랑천전투 등의 크고 작은 전투
를 일제와 벌였고, 결국 독립군의 승리로 남게 된다. 역사학자들은 이
를 기념하기 위해 청산리대첩이라고도 부른다.

홍범도 장군

(본 저작물은 공공누리 제1유형에 따라 한국학중앙연구원의 공공저작물을 이용하였습니다)

일본 제국 관점에서 봉오동전투 패배는 독립운동가들을 반드시 때
려잡겠다는 강력한 의지를 만들어 내는 데 충분했다. 하지만 무장투쟁
독립운동가들은 재빠르게 피하고 공격하는 데에 능했고, 간도 지방에
사는 조선인들도 독립운동가들이 몸을 숨길 수 있도록 도와주었다. 이

를 알아챈 일제는 간도 지방의 조선인들을 학살하기로 하였고, 실제로 어마어마한 조선인들을 학살하기에 이른다. 우리는 이를 간도 참변이라고 한다.

독립군들은 서일을 총재로 하여 대한독립군단을 결성하였다. 하지만 일본군들의 무자비한 간도 학살은 독립군이 활동하기 어려운 지역으로 만들었고, 대한독립군단은 러시아의 자유시로 이동하게 된다. 이후 다양한 독립군들이 러시아 자유시로 모였다. 소련에서 독립운동을 지원해 줄 수 있다는 기대 때문이었다. 다양한 독립운동가들이 모였다는 것은 다른 문제를 일으켰다. 바로 이들이 서로 누가 주도권을 잡을 것인가를 두고 싸우기 때문이다. 예상한 대로 이들은 서로 주도권을 갖기 위해 투쟁하고 싸웠다. 더군다나 러시아에서는 자국 영토에서 총소리 나는 것을 지양하였기에 독립군에게 무장해제를 요구하였고, 이를 거부한 독립운동가들은 러시아 적색군에 의해 학살당하게 된다.(자유시 참변)

이후에 군대적 성격과 정부적 성격을 모두 띠고 있는 3부(참의부, 정의부, 신민부)를 간도 지방에 설치하며 만주 조선인 교포들의 안전을 도모하였다. 마지막으로 일본은 독립군들의 활동을 위축시키기 위해 중국 군벌과 미스야 협정을 체결하여 끊임없이 독립군들과 동포들을 탄압하고 괴롭혔다.

머릿속에 박제하는 한국사

[TMI: 자유시 참변의 배경]

헷갈리고 어려운 자유시 참변과 그 이해를 돕기 위해 한국민족문화대백과 사전의 힘을 빌렸다. 반드시 이해하고 넘어가기를 바란다.

일본군은 봉오동 전투에서의 대패에 대한 보복으로 간도를 침략하였는데, 이 보복을 정당화하기 위해 마적단을 매수하여 훈춘사건을 조작하고, 간도에 군대를 투입했지만, 청산리전투에서 김좌진 장군의 북로군정서 독립군에 대패하고 만다. 이후 일본군은 양민학살의 형태로 보복작전을 벌이면서, 간도의 동포들뿐만 아니라, 노령주 연해주에 살고 있던 동포들도 많은 피해를 당했다.

당시 소련은 혁명 이후 내전 중으로 볼셰비키를 중심으로 한 적군과 반혁명파의 백군의 대립이 심화되고 있었다. 일본군은 백군 지원 명분으로 시베리아로 출병했고, 1920년 4월 블라디보스토크의 신한촌 등 한인 거주지역을 습격했다. 이런 상황에서 한국 독립군은 적군에 가담한 후 적군이 후퇴함에 따라 연해주로 이동했고, 연해주 한인 무장 세력은 볼셰비키 세력의 강화에 따라 일본의 추격을 피해 자유시로 집결했다.

1920년 봉오동전투·청산리전투 등에서 독립군에게 참패를 당한 일본은 5만 명의 병력을 동원하여 한국독립군 토벌작전을 대대적으로 전개하였다. 상황이 위태롭게 돌아가자 서일, 김좌진이 이끄는 북로군정서, 이청천의 대한독립단, 홍범도의 대한독립군 등 여러 조직으로 분산되어 있던 독립군은 일단 중국 독립군의 근거지였던 헤이룽장성주 밀산(密山)에 집결했다.

이들은 독립군 10개 부대를 통합·재편성하여 1920년 12월 병력 3천5백 명의 대한독립군단(大韓獨立軍團)을 조직했는데, 3개 대대로 편성되어 사실상의 북간도주 독립군 통일군단이 되었지만, 무장이 빈약했기 때문에 제3국으로부터의 군사지원이 절대적으로 필요했다.

이러한 상황에서 소련은 약소민족의 독립을 위해서는 지원을 아끼지 않는다는 입장을 분명히 하고 있었다. 대한독립군단 지도자들은 이에 고무되어 1921년 정월 소만 국경선을 넘어 시베리아 땅을 밟았다.

김좌진은 이때 소련으로 가는 것을 반대했다. 반대 이유는 공산주의자를 믿을 수 없다는 것으로, 어렵더라도 우리 동포가 많이 사는 간도 땅에서 다시 일어서는 것이 현명하다고 판단했다. 이러한 상황에서 대한독립군단은 다시 동쪽 이동하여 우수리강주6을 건넜고, 안전지대인 연해주의 이만(Iman, 달네레첸스크)에 집결했다.

시베리아에 들어선 독립군단은 부대를 나누어 1여단을 이만에 두고, 2여단을 영안에 주둔시켰다. 이때 소련 전역에서는 왕당파라 할 백군과 공산당을 지지하는 적군 간의 전투가 계속되었고, 적군은 우리 독립군을 흡수하여 백군과의 전투에 투입할 의도를 가지고 있었다.

독립군 역시 그러한 의도를 알고 있었지만, 당시 워낙 추위와 굶주림, 빈약한 무장과 보급으로 인해 공산당의 군사지원을 받아들일 수밖에 없었다. 이로 인해 독립군은 적군으로부터 대포 15문, 기관총 500정, 소총 3,000정 등의 장비를 지원받게 되었다.

1921년 1월 중순부터 3월 중순에 걸쳐 시베리아와 간도로부터 한인무력이 자유시로 집결해, 간도 지역의 한인무력으로 최진동·허욱 등의 총군부군대, 안무·정일무 등의 국민회군, 홍범도·이청천 등의 독립군과 김좌진·서일 등의 군정서군대가 있었으며, 노령 지역의 의병대로는 이만군대·다반군대·이항

머릿속에 박제하는 한국사

군대·자유대대·독립단군대 등이 있었다.

총병력수는 1,900여 명이었다. 그런데 자유시에 집결한 한인무장부대 중 자유대대와 이항군 사이에 한인무력군통수권을 둘러싼 갈등이 일어났다. 이때 자유대대는 이르쿠츠크파 고려공산당이 장악한 대한국민의회를 지지했고, 이항군은 상해파 고려공산당이 장악한 상해임시정부를 지지했으므로 결국 이르쿠츠크파와 상해파 간의 정면대결이 발생한 것이다. 즉 이항군을 이끌었던 박일리아는 군통수권 장악을 위해 극동공화국 원동부(遠東部) 내의 한인부를 찾아가 이항군대는 자유대대 편입 거부를 통고했다. (중략)

자유시사변은 사할린 의용군이 러시아 적군의 포위와 집중총격에 쓰러진 참변이었지만, 근본적으로는 이르쿠츠크파 고려공산당 대 상해파 고려공산당 간의 대립투쟁이 불러일으킨 사건이었다. 이 전투 끝에 무장해제를 당한 사할린 의용대는 전사자·도망자를 제외한 864명 전원이 포로가 되었다. 교전 당시의 병력은 1,000여 명가량이었다.

1921년 6월 2일 소련 적군은 독립군의 무장해제를 요구하였는데, 이는 우리 독립군이 소련 공산당을 위하여 싸워 달라는 요구를 거절했기 때문이다. 소련 공산당을 위해 싸우라는 요구에 독립군은 항의하였으나 그들은 이미 독립군을 2중, 3중으로 포위하여 무조건 수락을 강요하고 있었다.

이때 소련군 배후에서 고려공산당(이르크츠크파)이 일을 꾸미고 있었으며, 김좌진은 이때 이미 소련공산당의 이상한 눈치를 간파하고 극비리에 부하를 거느리고 흑룡강주를 건너 중국으로 돌아오고 말았다.

한편 독립군과 소련정부(당시 치타정부) 간의 협상은 결렬되면서 소련군의 공격이 6월 28일에 시작되었고, 이때 독립군은 사망자 2백72명, 강을 건너 중국 땅으로 탈출하다 물에 빠져 죽은 익사자 31명. 행방불명 2백 5명, 포로 97명 도합 6백 명이 넘는 희생자를 내고 나머지 인원이 가까스로 소련을 탈출하였다.

– 자유시 사변, 한국민족문화대백과사전

머릿속에 박제하는 한국사

4. 1930년대

가. 민족 말살 통치기

1930년대 일본 제국은 전쟁광 그 자체가 된다. 그들은 조선인의 근본적인 부분부터 모든 면을 바꾸려고 시도하였다. 대표적으로 황국 신민화 정책이 있는데, 여기서 황국이란 황제의 국가인 일본을 뜻하는 것이고, 신민이란 황제 밑에서 충성을 다하는 백성을 말하는 것이다. 일제는 조선인들에게 내선일체라는 것을 강요하였는데, 내선일체란 내지의 국가 일본과 외지의 국가 조선은 사실상 하나라고 세뇌했다. 또한, 황국 신민 서사 암송을 강제하였으며, 일본의 신을 모시는 신사를 향하여 기도하는 신사 참배도 강요하게 된다. 참고로 대한민국 서울의 한복판 남산에도 신사가 있었다. 마지막으로 조선인들에게 창씨개명(일본식 성명 강요)을 요구하였는데, 창씨개명이란 조선인의 성을 버리고 일본인의 성과 이름으로 바꾸는 것을 말한다. 이러한 정책들을 통해서 일본 제국은 조선을 완전히 일본화로 만들기 위해 노력한다.

그뿐만 아니라 이들은 조선 사상범 보호 관찰령을 시행하여 독립운동 세력을 탄압하거나, 조선어 학회 사건을 만들어 한글 보급에 힘 쏟고 있었던 한글 학자들을 구속하기에 이른다. 그와 동시에 우리말 신문 조선일보와 동아일보를 폐간하기도 하는 등 조선이 떠오를 만한 인상을 지닌 제도 혹은 물건이나 사상을 전부 바꾸기 위해 일제는 부단히 노력하였다.

나. 인적, 물적 수탈

1930년대 일제는 세계 곳곳 여러 곳을 침략하고, 전쟁을 선포하였다. 전쟁에서 가장 필요한 것은 무엇일까? 바로 보급이다. 1937년 중일 전쟁이 발발한 이후, 일제는 중국과 전쟁을 하면서 발생하게 되는 부단히 많은 물자를 충당하기 위해 조선을 이용한다. 우선 1938년 국가 총동원법을 제정하여 인적 물적 수탈을 더욱 쉽게 하려고 만들었으며, 육군 지원병제, 학도 지원병제, 징병제, 국민 징용령, 여자 정신 근로령 등 수많은 법을 제정하여 인적 수탈을 하였으며, 공출 제도를 시행하여 놋그릇, 수저, 철문과 같은 모든 것들을 훔쳐 총을 만드는 데에 사용하였다.

다. 1930년대 국외 무장투쟁사와 임시정부의 독립운동

① 만주에서 일어난 한중연합작전

1931년 만주 사변을 일으킨 일본은 만주를 자신의 괴뢰국인 만주국을 만듦으로써 중일전쟁의 초석을 다지게 된다. 이렇게 한국과 중국은 공동의 적 일본을 마주하게 되었고, 만주 지역에서 일본 제국과의 투쟁을 연합하여 이어 가게 된다. 한편 미쓰야 협정 이후 독립군들은 다시 한번 단일한 민족 독립 운동 세력을 만들기 위해 노력하였는데, 우리는 이를 민족 유일당 운동이라고 부른다. 앞서 3부 성립을 한 상황에서 다시 3부 통합 운동을 전개하였지만, 결과적으로는 하나로 통합되지 못하고, 2가지의 독립 운동 세력이 탄생하게 되는데, 그 세력은 바로 북만주 일대에서 활동하는 혁신의회와 남만주 일대에서 활동하는 국민부이다. 혁신의회에서는 한국 독립당이라고 하는 정치 세력이 있었고, 지청천 장군을 중심으로 한국 독립군이라는 군대도 보유하고 있었다. 국민부에서는 조선 혁명당이라고 하는 정치 세력이 있었고, 조선 혁명군이라는 군대도 있었으며, 양세봉 장군을 중심으로 활동하였다. 조선 혁명군은 영릉가전투와 홍경성전투에서 승리하였으며, 조선 의용군과 함께 연합하였다. 반면 한국 독립군은 중국 호로군과 연합하여 쌍성보전투와 대전자령전투에서 일본군을 격퇴하였다.

② 조선 의용대

김원봉은 대중적 정치 투쟁을 위해 난징에서 민족 혁명당을 결성하였다.(1931년) 조소앙과 지청천도 처음에는 합류하였으나, 사회주의자들이 주도하에 민족 혁명당을 이끌어 나아가자, 조소앙과 지청천은 김구가 있는 임시정부로 이동하게 된다. 민족 혁명당은 조선 민족 혁명당으로 개편하여 조선 민족 전선 연맹을 구축하게 된다. 조선 민족 혁명당은 1938년 조선 의용대라고 하는 최초의 한인 무장 부대를 중국 우한 한커우에서 결성하게 된다. 물론 김원봉의 조선 의용대는 1942년에 임시정부 산하에 있는 한국광복군에 합류하게 되는데, 일본 제국과 더욱더 강하게 투쟁하고 전투하고 싶은 일부 군인들은 조선 의용대 화북지대를 결성하여 마오쩌둥이 있는 공산당 지역으로 이동하게 된다. 결과적으로 조선 의용대는 2개의 부대로 나뉜 것이다.

김구와 이시영
(본 저작물은 공공누리 제1유형에 따라 한국학중앙연구원의
공공저작물을 이용하였습니다)

③ 한인 애국단(1931)

이승만을 탄핵하고 국민대표 회의에서 뚜렷한 결과를 내지 못해 위축되고 축소된 대한민국 임시정부를 다시 활력을 불어넣고 가열차게 독립운동을 하기 위해 김구는 한인 애국단을 창설하게 된다. 한인 애국단 활동 중 시험에 가장 많이 나오는 의거 활동은 2가지가 있는데, 첫째는 이봉창 의사의 의거고, 둘째는 윤봉길 의사의 의거다. 이봉창 의사는 일본 도쿄에서 일왕이 탄 마차에 폭탄을 던졌고, 윤봉길 의사는 상하이 홍커우 공원에서 폭탄을 던져 수많은 일본 제국의 요인들을

머릿속에 박제하는 한국사

살상하였다. 한인 애국단의 활동 이후 일본 제국은 상하이까지 범위를 넓혀 독립 운동가들을 탄압하였다. 이에 대한민국 임시정부는 끊임없이 일본 제국에게 쫓겼으며, 1940년대에 이르러 겨우 충칭에 정착하기에 이른다.

④ 충칭 임시정부

1940년대 충칭에서 정착한 대한민국 임시정부는 1940년 중국 국민당의 지원으로 한국광복군을 창설하였다. 앞서 설명하였지만, 지청천은 임시정부로 합류한 뒤였기 때문에 지청천은 한국광복군 총사령관에 임명되었다. 일본이 태평양 전쟁을 일으키자, 대한민국 임시정부는 1941년 대일선전포고문을 발표하였다. 참고로 1941년에는 조소앙의 삼균주의(정치, 경제, 교육의 균등과 개인, 민족, 국가의 균등을 이루자는 내용이다)를 건국 강령으로 발표하기도 하였다. 1942년에는 김원봉의 조선 의용대가 합류하였으며, 1943년에는 영국군의 요청으로 인도와 미얀마 전선에 투입되어 전선에 참전하였다. 1944년에는 미국 전략 정보국(OSS)과 함께 합동훈련을 하였으며, 1945년에는 OSS의 지원을 받아 국내 진공 작전을 계획하였다. 이제 국내 진공 작전을 실행만 하면 되는 상황이었지만, 히로시마와 나가사키에 떨어진 원자폭탄으로 인해 일본은 갑작스럽게 패망하였고, 국내 진공 작전은 무산되고 말았다.

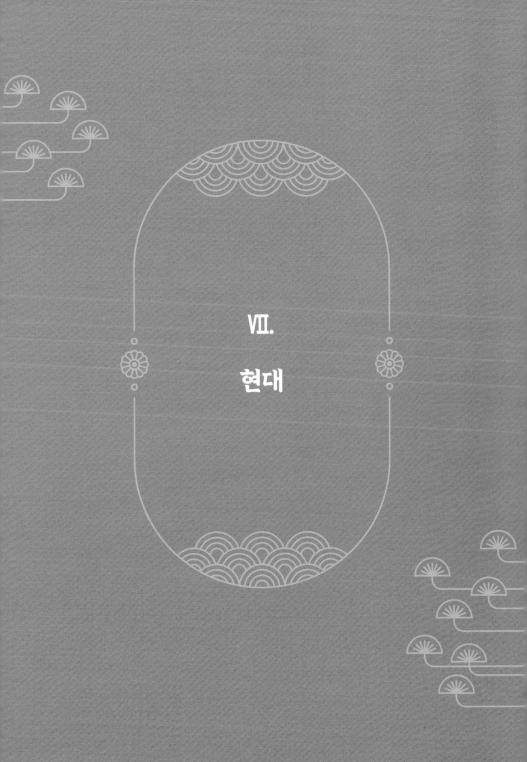

VII.

현대

현대부터는 복잡하고 다사다난한 이야기들이 끊임없이 나올 것이다. 더욱 이해하기 편하기 위하여 말로 설명하는 것처럼 글을 쓰려고 노력하였다. 중요한 부분에 포인트를 주면서 읽기를 바란다.

머릿속에 박제하는 한국사

1. 광복(1945. 8. 15.) 이후 대한민국 정부 수립의 과정

가. 광복 직후

1945년 8월 14일 일본의 패망을 전해 들은 조선 총독부는 어떻게 하면 한반도에 거주하고 있는 일본인들을 안전하게 일본으로 이송할 수 있을까를 고민했다. 하기야 35년의 침략으로 인해 분노로 가득 찬 조선인들을 피해 일본으로 도망간다는 것을 당시에 상상할 수 있었을지도 모르겠다. 여러 독립 운동가들에게 도움을 요청하였지만, 번번이 거절당하였다. 그리고 마지막으로 찾아간 곳은 바로 여운형의 집이다. 이야기를 들은 여운형은 5개의 조건을 제시하였는데 첫째 모든 정치범을 즉시 석방할 것, 둘째 당장에 경성 시민이 먹고살 수 있을 만큼의 식량을 확보해 줄 것, 셋째 우리 조선이 자체적으로 치안을 맡는다, 넷째 치안 유지와 건설 공사에 총독부는 방해하지 않는다, 다섯째 학생들과 청년들 활동을 총독부가 방해하지 않는다는 조건이었다. 조선 총독부는 이를 받아들였고, 1945년 8월 15일 일본 일왕의 일본 패전 선언과 동시에 한국은 광복을 맞는다.

[TMI: 『버치 문서와 해방정국』을 통해 본 여운형]

총독부는 왜 여운형을 찾아갔을까? 왜냐하면 당시 여운형은 한반도 조선인들이 가장 존경하는 독립 운동가 중 한 명으로 인지도와 영향력을 모두 갖추고 있는 독립 운동가였다. 그는 조선건국동맹이라는 조직을 갖추고 있었는데, 조선 건국 동맹은 일본의 패망 혹은 갑작스러운 광복에 대비하려고 조직한 단체였다. 실제로 일본이 패망하자, 조선건국동맹은 조선건국준비위원회(이하 건준)라는 단체로 개편하여 치안대를 전국 지방마다 설치하여 운영하였다. 치안의 공백을 막기 위함이었다. 또한, 조선건국준비위원회는 후에 조선인민공화국을 건국하여 자주국의 지위를 가지려고 시도하였지만, 미군이 이를 인정하지 않아 흐지부지되었고, 미 군정 3년의 시작으로 주도권을 상실하였다.

"여운형은 일본, 미국 등의 국가 관료와 정치인들이 인정한 대중적이고 영향력 있는 정치인이었다."

해방을 알리는 여운형
(본 저작물은 공공누리 제1유형에 따라 한국학중앙연구원의
공공저작물을 이용하였습니다)

머릿속에 박제하는 한국사

한편 일본이 항복하자, 북쪽에서는 소련군이 내려오고 있었다. 한반도에 관심이 없던 미국은 소련이 한반도로 남하한다는 소식을 듣자 허겁지겁 한반도의 공산화를 막기 위해 한반도를 나누어 통치하자는 의견을 소련에 제시하였고, 참전한 지 얼마 되지 않아 대의명분이 크게 없던 소련은 미국의 분할 통치 제시를 승낙한다. 그리하여 탄생하게 된 것이 바로 38선이다. 참으로 비극적인 일이 아닐 수 없다.

나. 모스크바 3국 외상 회의

해방된 지 4개월이 지난 1945년 12월, 모스크바에서는 미국, 영국, 소련의 외상(외무장관)이 모여 여러 논의를 하였다. 한국사 입장에서는 가장 중요한 이야기인 한반도를 놓고 토론했다. 결론적으로는 한반도를 미국, 영국, 중국, 소련이 최대 5년간 신탁통치를 한다는 점과 미소 공동 위원회를 설치한다는 내용을 합의하였다. 여기서 잠깐 신탁통치에 관해 설명하자면, 국제 연합(UN)의 위임을 받은 나라가 특정 지역을 통치하는 형태를 말한다. 이 결정을 통해 한반도에서는 신탁통치를 찬성한다는 측(찬탁)과 신탁통치를 반대한다는 측(반탁)으로 나뉘었고, 지금의 우리로서는 상상할 수 없을 정도로 대립이 격화되었다. 좌익은 찬탁, 우익은 반탁을 주장하며 유혈사태뿐만 아니라 극심한 대립을 겪는 와중에 제1차 미소 공동 위원회가 출범하였었지만, 여기에서도 논쟁만 하다가 결렬되었다.

[TMI: 모스크바 3국 외상 회의]

모스크바 삼국 외상 회의에서 미국은 한반도 신탁통치를 찬성하였고, 소련은 한반도 신탁통치를 반대하였다. 그 이유는 당시 여론조사를 해 본 결과 한반도에는 사회주의자가 많았기 때문이다.(왜냐면 당시 독립운동을 했을 때를 떠올려 보자. 친일 지주 자본 세력과 대척점에 서서 한반도 독립국을 만들기 위해 힘썼던 독립운동가들은 자연스레 사회주의 사상이 좋아 보이게 되고, 조선인들 또한 지주 자본 세력가들과는 반대되는 이념인 사회주의 이념을 뭔지 모르는 상황에서 우호적이고 좋아하게 될 수밖에 없는 상황이었다) 따라서 선거를 하면 자연스럽게 좌익세력이 집권할 것이고, 소련으로서는 더할 나위 없이 좋은 상황이기 때문에 반탁을 소련이 주장한 것이다. 반면 미국은 앞에 나와 있는 이유로 인하여 반탁을 주장했다. 한반도 안에서는 우익세력이 반탁을 주장하였으며, 좌익 세력은 찬탁을 주장하였다. 시험에는 나오지 않지만, 소련이 신탁통치를 주장했고 미국이 반탁을 주장했다는 동아일보의 희대 오보로 인해서 우익세력이 총집결하여 좌익세력과 찬탁세력을 비판하였고, 좌익으로서는 한반도 분단을 막기 위해서는 5년의 신탁통치를 감당할 수 있는 거 아니냐는 주장을 한 것이다. 결론적으로 이 두 세력은 치열하게 싸우게 된다. 정국이 혼란해진 것이다.

다. 정읍 발언과 좌우 합작 위원회 조직

해방된 이후 미국에서 한반도로 건너온 이승만은 각 지방을 돌아다니며 연설을 하였다. 연설 중에서 가장 충격적인 연설은 바로 정읍에서 한 연설이었는데, 그 내용은 한반도가 통일되어 정부를 출범하지 못한다면, 남한만이라도 단독정부를 수립해야 한다는 주장이었다. 우리는 이를 정읍 발언이라고 부른다. 당시로서는 처음으로 분단된 정부를

머릿속에 박제하는 한국사

언급한 것이기 때문이다.

한편 남북한이 하나가 된 통일 정부를 수립하기 위해서 중도 좌익 세력인 여운형과 중도 우익 세력인 김규식이 모여 미군정 관료의 지원을 받아 좌우 합작 위원회를 만들었으며, 좌우 합작 7원칙도 함께 발표하였다. 민주주의 임시정부를 수립하기 위해서였다. 그러나 극단적으로 대립하고 있는 좌익 세력과 우익 세력은 애매한 위치에서 양쪽에 발을 담고 있는 좌우 합작위원회를 비난하였고 끝내 흐지부지되었다. 이후 여운형은 정치 테러리스트 암살범들에 의해 잔혹하게 암살당한다. 버치 중위의 보고서를 보면 이승만의 계획된 행동으로도 추측하고 있다.

라. 분단되기까지의 과정

제2차 미소 공동 위원회도 진전이 되지 않고(결렬), 좌우 합작 위원회도 실마리를 찾지 못하는 상황이 지속하고, 좌익 세력과 우익 세력은 끝도 모르게 서로를 비난하고 싸우는 혼란스러운 정국이 지속하자, 미국은 한반도의 문제를 UN에 이관해 버린다. 유엔에서는 인구비례에 의한 남북한 총선거 시행을 결의하고 시행하기 위해 유엔 한국 임시 위원단을 파견하였고 남한에서는 입국하는 데 허락하였으나, 북한에서는 입국을 거부하였다. 하기야 당시의 인구를 보았을 때, 남한의 인구가 북한의 인구의 2배였기 때문에, 선거를 치르게 된다면 우익 진영이 승리하고 주도권을 잡을 것이 당연한 상황이었다. 결국, 유엔 소총회에서는 남한만의 단독 선거를 결의했다.

남북협상의 김구
(본 저작물은 공공누리 제1유형에 따라 한국학중앙연구원의
공공저작물을 이용하였습니다)

　제주도에 사는 일부 좌익 세력은 남한만의 단독 선거 시행 반대를 외
치며 봉기하였다. 이에 미 군정과 이승만 대통령은 강경 진압과 무력
진압을 지시하였고, 소수의 주동자들과 더불어 전혀 관련이 없는 수만
명의 무고한 제주도민이 학살당했다. 우리는 이 사건은 제주 4.3 사건
이라고 부른다. 한편 남한 단독 선거 결정에 반발한 이들이 또 있었다.
이들은 바로 김구와 김규식이었다. 이들은 통일 국가를 건설하기 위해

　　　　　　　　　　　　　　머릿속에 박제하는 한국사

남북 협상을 주도하였고, 38선을 건너 북한으로 가서 남북 협상을 하였다. 남북 협상의 결과는 그렇게 좋지는 않았고, 1948년 5월 10일 5.10 총선거가 시행하였다. 이 선거를 통해 제헌국회가 소집되었으며, 제헌국회에서는 헌법을 만드는 일을 하게 된다. 임기는 2년이다. 그 이후 이승만이 대통령, 이시영이 부통령으로 선출되었으며, 1948년 8월 15일 대한민국 정부가 수립하게 되며, 대한민국의 역사가 본격적인 출발을 하게 된다.

[TMI: 이승만]

미국의 장교였던 존 하지 장군과 버치 중위는 이승만을 테러리스트로 바라보았다. 이승만이 한반도로 왔을 당시에는 덮어 놓고 뭉치자는 구호로 친일파를 비롯한 모든 인사들을 하나로 규합하려는 모습을 보였지만, 사실 이승만을 지지하는 자들은 모두 덮어 놓고 뭉치자는 뜻이었으며, 자신을 지지하지 않는 자들은 빨갱이(공산주의자)로 매도하였다. 이승만은 여운형, 김구와 같은 라이벌들을 청년 테러리스트와 연합하여 제거하려고 하였으며, 실제로 주도했다고 버치 문서에는 기록되어 있다. 다만 정말 진짜로 주도했는지는 증명되지 않았다.

- 『버치 문서와 해방정국』 中

대한민국 정부 수립 기념식

(본 저작물은 공공누리 제1유형에 따라 한국학중앙연구원의
공공저작물을 이용하였습니다)

머릿속에 박제하는 한국사

2. 이승만 정부(1948. 7. 24.~1960. 4. 27.)

가. 제헌국회의 활동(1948. 5. 10.~1950. 5. 30.)

앞서 제헌국회는 헌법을 만드는(제정) 특수한 역할을 수행하였다고 언급한 적이 있다. 그러나 제헌국회는 헌법을 제정한 그것뿐만 아니라 다양한 활동을 하였는데 시험에 나오는 것은 다음과 같다. 우선 제헌국회는 반민족 행위 처벌법을 제정하고 반민족 행위 특별 조사 위원회를 구성하였다. 우리는 이를 반민특위라고 줄여서 부른다.

반민특위는 친일 매국노(민족반역자)들을 체포하고 조사를 하는 임무를 부여받았고, 독립군을 고문하기로 유명한 노덕술과 같은 악질 친일 경찰을 비롯한 많은 매국노를 체포하고 처벌하려고 하였다. 그러나 이승만 정부의 비협조적인 태도와 더불어 이승만 대통령이 주도로 발생한 국회 프락치 사건 및 반민특위 습격 사건으로 인하여 반민특위는 위축되었고, 결국 반민특위는 역사 속으로 사라진다. (앞서 이승만은 덮어 놓고 뭉치자는 슬로건으로 정치를 하였다. 그렇기에 이승만의 정치적 스펙트럼에는 친일 지주 자본가들과 더불어 독립운동가까지 넓은 스펙트럼을 가지고 있었다)

제헌국회는 두 번째로 농지 개혁법(이하 농지법)을 제정하게 된다. 농지법의 핵심 내용은 유상 매수, 유상 분배이다. 시험에는 키워드만 나오지만 조금 더 추가로 설명하자면, 당시 북한에서는 무상몰수 무상 분배라는 토지개혁을 시행하여 지주와 친일파들의 땅을 몰수한 다음, 모든 소작인에게 나누어 주었다. 이는 북한 영토 내에서 살고 있는 지주 자본가들이 남쪽으로 내려오는 계기가 되었으며, 강력한 반공산주의 이념을 탑재하게 되었다. 이들 중에서 반공에 눈이 멀어 테러를 일삼는 단체가 만들어지게 되었으니 대표적인 조직이 바로 서북청년단이다. 반면 한국에서는 농지개혁이 이루어지지 않았으며, 당시 한국은 전체 농지의 65%가 소작지였다. 소작지였다는 것은 소작인들이 농사를 짓고, 수확하면 수확의 절반을 지주에게 지급하는 가혹한 수취제도가 전체 농경지의 65%에서 이루어진다는 이야기이다. 농민들이 배고플 수밖에 없는 상황이다. 제헌국회에서는 유상 매수 유상 분배(가구당 보유할 수 있는 농지를 제한하여 초과한 농지를 다른 농민에게 유상 또는 무상의 방식으로 강제 매도하게 만드는 조치를 뜻한다)라는 농지개혁법을 제정하여 소작농들이 자작농이 되었다는 이점을 얻었다. 마지막으로 귀속재산처리법을 제정하여 일본 제국이 남긴 재산을 처리하였다.

나. 6.25 전쟁(1950. 6. 25.~1953. 7. 27.)

한국 전쟁의 발단은 크게 2가지가 있다. 첫째는 미국의 애치슨 선언이다. 미국 국무장관이었던 애치슨은 애치슨 라인이라고 하는 것을 발표하였다. 그 내용에는 자유주의를 수호하는 극동 방어선에는 한국과 대만이 제외되어 있다는 것이다. 이 내용대로면, 공산권 국가에서 한반도를 공산화하기 위해 침략하여도 미국이 지원을 해 주지 않겠다는 뜻이기도 하다. 이는 북한의 침략 의지를 더욱 불태우게 하였다. 두 번째는 김일성의 야욕이다. 김일성은 애초에 한국을 침략하겠다는 계획을 세우고 소련 스탈린과 중국 마오쩌둥에게 동의를 구했다. 소련에는 무기 지원을 받았고, 중국으로부터는 혹시 모를 상황에서의 참전을 약속받았다.

1950년 6월 25일 북한은 새벽에 갑작스럽게 침략을 강행했다. 서울은 순식간에 함락당하였고, 한국군은 후퇴를 거듭하다 낙동강을 두고 치열하게 싸우게 된다. 한편 유엔총회에서는 한반도에 전쟁이 터진 것을 확인하고, 한국을 지원하기 위해 유엔군 참전을 결정하게 된다. 한국군과 유엔군은 끊임없이 맞서 싸웠고, 인천상륙작전을 계기로 역전에 성공하며 1950년 9월에는 서울을 수복하게 되고, 1950년 10월 1일에는 38선을 넘어서며 북쪽으로 진격하게 된다. (그래서 10월 1일은 국군의 날이다. 처음으로 38선을 넘어 북한으로 돌격했기 때문이다) 그러다 중국군의 개입으로 전선은 다시 후퇴하였고, 다시 서울이 함락되게 된다. (1.4 후퇴) 하지만 한국군과 유엔군은 포기하지 않았고, 다시 서울을 재수복함과 동시에 38선 부근에서 끝나지 않는 고지전을 지속하며 전선을 유지하게 된다.

제1대 대한민국 대통령 취임식
(본 저작물은 공공누리 제1유형에 따라 한국학중앙연구원의
공공저작물을 이용하였습니다)

  1951년 7월에는 소련의 제의로 정전 협상이 시작되었으나, 군사 분
계선 설정과 포로 송환 문제를 놓고 질질 끌게 된다. 한편 이승만 대통
령은 한번 시작한 전쟁, 통일 한국으로 끝나는 것이 맞는 일이라고 생
각하며 정전을 반대하였고, 거제도에 있었던 반공 포로들을 석방하며
정전 협정을 방해하였다. 그러나 1953년 정전 협정은 체결되게 된다.
이승만 정부는 미국이 한국 정부와 협의 없이 강제로 정전 협정을 체결
하려고 했다는 조건으로 미국과 한국의 상호 방위 조약 체결을 제시하
였고, 고민하던 미국은 전쟁의 장기화를 막기 위해 한국의 제안에 응하
게 된다. 우리는 이 조약을 한미상호방위조약이라고 한다.

머릿속에 박제하는 한국사

다. 장기 집권을 노리는 이승만 대통령과 최후

48년에 임기를 시작하여 2년의 임기를 마친 1950년, 대한민국은 제 2대 총선을 치르게 된다. 당시 이승만 대통령이 몸담고 있었던 독립촉성중앙협의회는 2대 총선에서 다수의 의석을 확보하는 데 실패하고 야당이 다수가 되는 선거 결과를 얻게 된다. 당시 대통령 선거는 간선제로 국회의원들이 모여서 대통령을 뽑는 방식인데, 야당이 다수인 제2대 국회에서는 이승만 대통령의 재선이 불투명한 상황이었다. 이승만 대통령은 이를 타파하기 위해 임시 수도였던 부산에 계엄령을 선포하고 기립표결로 개헌안을 통과시켰는데, 통과한 내용에는 대통령 간선제를 대통령 직선제로 바꾸는 내용을 담고 있었다. 많은 내용이 담긴 헌법에서 오직 간선제를 직선제로 바꾸는 개헌을 한 것이므로, 우린 이를 발췌 개헌이라고 부른다. (제1차 개헌, 1952년)

이렇게 1948년부터 1952년까지의 제1대 대통령의 임기를 마친 이승만은 많은 국민들의 지지로 제2대 대통령 선거에서 당선되며 재선에 성공하였다. 시간이 흘러 1954년이 되자 이승만 대통령은 다시 불안해지기 시작했다. 헌법에 입각하면 대통령은 2번밖에 하지 못하기 때문이다. 그러다 이승만 대통령은 초대 대통령에 한해서는 중임 제한을 철폐하는 헌법 개헌을 시도하게 된다. 그러나 국회의원 재적의원 203명 중 3분의 2가 찬성을 해야 통과가 되는 상황인데, 투표하고 보니 135표가 나왔다. 참고로 203명 중 3분의 2는 135.3333이다. 선거 결과는 부결되는 것이 정상이나, 사사오입(반올림) 개념으로 갑작스럽게 부결된 것을 가결된 것으로 바꾸게 된다. 이렇게 이승만은 중임 제한을 철폐하였으며, 3대 대통령까지 역임한다. 3대 대통령 선거 당시 조봉암이라고 하는 인물이 예상외로 어마어마한 선전을 하게 되었고, 이승만은 조봉암을 두려워하게 된다. 조봉암은 3대 대선 이후, 진보당을 창당하며 실질적인 야당의 역할을 하려고 하였으나, 북한과 내통했다는 혐의를 뒤집어씌우고, 구속하여 처형하였다. 사법살인이 일어난 것이다. 우리는 이를 진보당 사건이라고 부른다. 또한, 이승만 대통령은 반공 태세 강화를 내용으로 하는 국가보안법을 개정하며 보안법 파동이 발생하기도 하였다. (보안법 파동을 쉽게 설명하면 국보법(국가보안법)을 통과시키기 위해 야당 의원들을 폭력적으로 몰아내고 여당 의원들끼리 통과시킨 사태를 칭한다)

4대 대선이 임박해 오기 시작했다. 이승만은 이제 고령의 인물이 되어 간다. 대통령 재임 기간 중 갑작스럽게 노환으로 사망할 수 있는 상황이 걱정되기 시작하자, 이승만 대통령과 자유당은 부통령에 이기붕을 지목하고 당선되게 하려고 노력했다. 그러나 이기붕이 큰 지지를 받지 못하자, 이기붕을 당선시키기 위해 1960년 3월 15일 4대 대선 당일 부정선거를 저지르게 된다. 이를 안 마산 시민들은 3월 15일 부정선거 규탄 시위를 열었다. 이 과정에서 시위에 참여했던 김주열의 시신이 마산 앞바다에서 차갑게 떠오르자, 한국의 모든 국민이 분노했고, 대규모 퇴진 시위를 전개하였다. 이승만 정부는 계엄령을 선포하였으

머릿속에 박제하는 한국사

나, 대학 교수단도 대통령 퇴진을 요구하였고, 결국 이승만 대통령은 하야하며 막을 내린다. 우린 이를 4. 19 혁명이라고 부른다.(1960년) 이후 허정 과도 정부가 수립되었으며, 3차 개헌을 통해 의원내각제 형태의 정부체제가 출범하게 된다. 당시의 총리가 장면이었으며, 대통령은 윤보선이었다. 우린 이를 장면 내각 체제라고 부른다.

3. 박정희 정부(1963. 12. 17.~1979. 10. 26.)

가. 5.16 군사 정변(1961. 5. 16.)

5.16 군사 정변은 말 그대로 군인들이 정변을 일으킨 사건이다. 과거 고려 시대에도 무신 집권기가 있었는데 이와 비슷한 맥락으로 이해하면 된다. 당시에는 장면 내각과 윤보선 대통령이 국정을 총괄하고 있었는데, 박정희 당시 소장을 필두로 군부 세력은 쿠데타를 일으켰고, 군사 혁명 위원회를 구성하여 반공(공산주의와 반대되는 가치)을 최고의 가치로 삼은 혁명 공약을 발표하게 된다. 그리고 군사 혁명 위원회는 국가 재건 최고 회의로 개편되어 본격적으로 군정이 시작되었다.

나. 박정희 정권의 시작과 최후(1963. 12. 17.~1979. 10. 26.)

합법적으로 선출되지 않은 군정이 오랫동안 지속되면 국민의 반발이 심해지기 마련이다. 군정은 대한민국을 운영하기에는 어떠한 정치적, 법적 명분이 없기 때문이다. 따라서 박정희 소장은 군인이라는 신분을 벗어던지고 민간인의 신분으로 제5대 대선에 출마하게 된다. 참고로 제5차 개헌하여 대통령 직선제를 부활시켰다. 대통령 중심제로 돌아온 것이다. 그리고 박정희는 윤보선 후보를 약 1.5% 차이로 밀어

내고 대통령으로 당선되었다. 박정희 대통령은 구데타를 일으켰던 대의명분을 확보하기 위해 정권 내내 경제 발전에 총력을 다하였다. 하지만 경제 발전에는 초기 자금이 필요하였는데, 한국은 그런 돈이 없었다. 이와 같은 배경에서 박정희 대통령은 한일 협정을 체결하는 길을 택하였다. 1962년 한일 회담을 열었을 당시에는 김종필 중앙정보부장을 일본에 급파하여 협정 체결 직전의 단계까지를 합의하였다. 한일 협정이 체결된다는 이야기를 들은 국민은 1964년 한일 국교 정상화를 막기 위해 6.3 시위를 하였으나(당시 시위에 참가한 사람 중에는 이명박 전 대통령도 있었다), 1965년 한일 협정이 체결되며, 일본은 한국에 무상으로 3억 달러, 유상으로 2억 달러, 민간 차관 3억 달러 제공에 합의하면서 국교를 정상화하게 되었다. 참고로 돈을 주는 이유는 독립축하금이라는 명목이었다.

또 박정희 정권은 월남 파병을 하였다. 월남은 남베트남을 발하는 것인데, 당시 공산권 국가 북베트남과 자유 진영의 남베트남이 내전을 하고 있었다. 미국은 월남을 지원하기로 하였고, 다른 자유주의 국가들에게도 도움을 요청하였다. 여기에 한국이 파병하기로 응한 것이다. 이후 브라운 각서가 체결되었는데, 브라운 각서에는 베트남전에 파병해 주는 대가로 경제 발전에 대한 원조와 보상을 준다는 내용의 각서다. 이후 한국 정부에서는 독일에 간호사와 광부를 파견하기도 하였는데(파독), 이 모든 일은 국가의 경제 발전을 위해 우리의 어머니, 아버지들이 희생한 것이다.

다. 장기 집권 시도와 유신 체제

1969년 박정희 대통령은 3선 개헌을 시도하였다. 1967년에 치러진 제6대 대통령 선거에서 박정희 대통령이 당선되기는 하였으나, 헌법상 대통령은 4년 중임제(4년 임기로 2번밖에 못 한다는 뜻)였기 때문에 대통령을 또 하기 위해서는 개헌이 필요하였다. 그리하여 1969년에 3선 개헌을 시도한 것이다. 중요한 점은 1971년이다.

1971년은 제7대 대통령 선거를 치르는 해였는데, 이번에는 박정희 대통령이 야당의 김대중 후보를 정말 겨우겨우 힘겹게 누르고 당선되었다. 당선되기는 하였지만, 김대중 후보에게 밀릴 뻔했던 박정희 대통령은 다음 해인 1972년 10월 유신을 선포하였고, 국회를 해산하고 유신 헌법에 대해서 국민투표를 부쳤다. 그리고 2달 뒤인 1972년 12월 유신 헌법이 국민투표에서 가결되며, 유신 체제가 출범하였다. 박정희 대통령은 통일 주체 국민회의에서 간선제로 대통령을 선출하는 형태를 헌법으로 구성하였으며, 대통령 임기 또한 6년으로 늘리고 중임 제한도 폐지하였다. 또한, 국회의원 33% 정도를 대통령이 직접 선출할 수 있도록 하였고, 국회 해산권과 국민의 기본권을 제한할 수 있는 긴급 조치권 또한 만들었다. 독재 체제를 구축한 것이다. 이에 장준하 선생을 비롯한 재야의 인사들은 긴급 조치 철폐 등을 요구하는 시위와 선언을 하였으나, 사건을 조작하여 영장 없이 체포하며 무력으로 진압하였다. 물론 이 시기에 경제가 발전하기는 하였다. 박정희 정권의 경제

머릿속에 박제하는 한국사

개발의 핵심은 국가 중심의 경제 개발 5개년 계획으로, 중화학 공업 육성을 위해 발전을 지속해서 시도하였고, 또 성공하였다.

　모든 정권은 흥망성쇠가 있기 마련이다. 박정희 정권의 핵심이자 국민의 염원이었던 경제가 휘청거리기 시작했다. 1978년부터 시작된 석유파동은 치솟는 석유 가격으로 인해 경제 불황이 심해졌다. 이에 국민은 동요하였는데, 여기에 불을 지피는 사건이 2개가 있었다. 첫째는 YH 무역 사건이다. YH 무역이라는 회사에 종사하였던 여성 노동자들이 부당하게 폐업 조치하는 상황을 항의하기 위해 야당 당사였던 신민당을 찾아가 시위를 하였다. 김영삼 총재는 시위를 격려하고 대책을 마련하기 위해 노력하였으나, 정부에서는 새벽에 기습적으로 경찰력을 동원하여 시위를 진압하였다. 시위를 진압하는 과정에서 사망자가 발생하자 민심이 동요하기 시작했다. 두 번째 사건은 김영삼 의원 제명 사건이다. 김영삼 의원은 줄곧 박정희 유신 정권을 비판해 왔다. 결국, 박정희 정부와 여당은 김영삼 의원을 제명하였는데, 김영삼 의원이 제명되자 김영삼 의원의 연고지였던 부산 지역과 마산 지역에서 유신 반대 시위가 일어나기 시작했다. 부마 민주 항쟁을 진압하는 과정에서 정부 내부에서 분열이 일어나기 시작하였으며, 당시 중앙정보부장이었던 김재규는 10월 26일 박정희 대통령을 시해하며, 박정희 정권이 막을 내리게 된다. 이를 10.26사태라고 한다. (〈남산의 부장들〉이라는 영화는 이 상황을 기반으로 만들어졌다)

4. 전두환 정부(1980. 8. 27.~1988. 2. 24.)

가. 5.18 민주화 운동과 전두환 정부

　김재규 중앙정보부장이 박정희 대통령을 시해한 사건인 10. 26 사태 이후, 국가의 혼란을 잠재우기 위해 통일주체국민회의에서 최규하 당시 국무총리를 대한민국 제10대 대통령으로 선출하였다. 최규하 대통령은 8개월 정도 대통령직을 수행하였는데, 안타깝게도 당시 실권은 모두 하나회라고 하는 신군부 세력이 독점하고 있었다. 결국, 1979년 12월 12일 전두환, 노태우를 비롯한 신군부 세력은 쿠데타를 일으켜 정권을 잡았고(당시 정승화 육군참모총장 겸 계엄사령관을 불법으로 체포하고 사후에 최규하 대통령에게 재가를 받았다. 당시 전두환은 보안사령관 겸 합동수사본부장이었다. 정승화를 체포함으로써 전두환은 국가 내의 모든 실권을 잡게 된다), 우리는 이를 12. 12 사태라고 한다.

　정권을 잡은 신군부 세력은 즉시 계엄령을 확대하고 김대중, 김영삼을 비롯한 주요 야권 인사들을 체포 구속하였다. 전두환이 정권을 잡았다는 이야기, 계엄령이 확대된다는 이야기, 야권 인사들이 잡혀간다는 이야기를 들은 광주광역시 시민들은 격분했다. 그리고 그들은

1980년 5월 18일 시위를 시작하게 된다. 그런데 전두환은 공수부대를 동원하여 무력진압을 지시하였다. 시민들은 시민군을 조직하여 공수부대에 저항하기 위해 노력하였으나, 공수부대를 시민군이 이길 수는 없었다. 이로 인해 대한민국 국민을 지키겠다는 군인이 대한민국의 무고한 시민을 죽이는 대참사가 발생한 것이다. 우리는 이를 5.18 민주화 운동이라고 부른다.

정권을 장악한 신군부는 국가 보위 비상 대책 위원회(국보위)를 설치하고, 언론사 통폐합과 삼청 교육대 운영을 통해 사회 분위기와 언론의 힘을 완전히 제압했다. 또한, 전두환 정부는 국민의 시선을 정치에서 다른 곳으로 돌리기 위해 프로야구, 프로 축구단 창단과 리그를 운영함과 동시에 야간 통행 금지 조치를 해제하였다. 우리는 이를 3S 정책(Screen(영화), Sports(운동), Sex(성))이라고 한다.

마침 이 시기에 경제 상황으로는 3저 호황이라고 하는 세계적인 추세에 한국 경제가 급상승하게 되었다. 3저 호황이란 저달러, 저유가, 저금리를 말하는 것이다. 이를 통해 한국 경제는 물가가 안정되고, 수출이 증가하는 모습을 보였다. 그뿐만 아니라 최초의 이산가족 상봉도 전두환 정부에서 했었다. 그러나 발전하는 경제와는 반대로 구 군부세력의 종식과 동시에 더욱더 탄압적이고 불법적이며 인권을 유린하고 자유를 억압하는 신군부 세력이 집권함으로써 정치는 급속도로 후퇴하게 된다. 결국 전두환과 노태우는 김영삼 정권 시기 역사 바로 세우기의 일환으로 구속되어 반란수괴, 반란모의 참여, 초병 살해, 내란수괴, 내란중요임무 종사, 내란목적살인 등의 죄목으로 전두환은 무기징역과 2205억 원의 추징금이, 노태우는 징역 17년에 2628억 원의 추징금이 최종 선고되었다.

[TMI: 전두환, 노태우 대법원 판결요지 일부]

> 군사반란과 내란을 통하여 폭력으로 헌법에 의하여 설치된 국가기관의 권능 행사를 사실상 불가능하게 하고 정권을 장악한 후 국민투표를 거쳐 헌법을 개정하고 개정된 헌법에 따라 국가를 통치하여 왔다고 하더라도 그 군사반란과 내란을 통하여 새로운 법질서를 수립한 것이라고 할 수는 없으며, 우리나라의 헌법질서 아래에서는 헌법에 정한 민주적 절차에 의하지 아니하고 폭력에 의하여 헌법기관의 권능 행사를 불가능하게 하거나 정권을 장악하는 행위는 어떠한 경우에도 용인될 수 없다.

나. 6월 민주항쟁(1987)

독재는 언젠가는 무너지기 마련이다. 민주주의를 짓밟고 권력을 독차지한 권위주의 정부인 전두환 정부에 반발한 시민들의 민주화 운동은 꾸준히 있었다. 가령 대통령 직선제를 쟁취하기 위해 야당과 재야 운동권 세력들은 1985년에 직선제 개헌을 청원하는 1천만 서명 운동을 전개하였다. 그러던 중 1987년 서울대학교 인문대학에 재학하고 있었던 박종철 학생이 고문을 당해 사망하는 사건이 발생하였다. '박종철 고문치사 사건'은 대학생을 고문으로 살해한 치안본부 대공분실인데, 사망한 이유를 다음과 같이 말하였다. "책상을 탁 치니 '억' 하고 죽었다."

　이후 민주화에 대한 열망은 더욱 치솟았고, 수많은 시민이 나와 대통령 직선제를 요구하였다. 그러던 중 전두환은 4.13 호헌조치를 발표하였는데, 이는 현행 헌법을 유지하겠다는 내용을 담고 있었다. 다른 말로 하면, 대통령 직선제로 개헌하지 않겠다는 의미였다. 이에 수많은 시민은 분노하고 더 많은 사람이 직선제를 요구하며 거리로 쏟아져 나왔다. 그런 와중에 시위하고 있었던 연세대학교 학생 이한열이 최루탄을 머리에 맞으며 쓰러졌다. 무고한 대학생 2명을 죽인 정권에 분노한 시민들은 전국 각지에서 수많은 시위를 벌였다. 이때 나왔던 시위 문구가 다음과 같다. "호헌 철폐, 독재 타도." 결국 민주정의당(여당) 대표였던 노태우는 직선제 개헌을 수용한 6.29 민주화 선언을 발표하였고, 5년 단임제(단 1번밖에 못 함)의 대통령 직선제로 개헌하였다. (제9차 개헌) 아이러니한 역사적 사실로는 당시 야당이 대통령 후보를 단일화하여 나오지 못하였고, 김대중, 김영삼, 김종필이 서로 출마하는 상황이 펼쳐졌다. 결국, 대한민국 제13대 대통령으로는 노태우 후보가 대통령이 되며, 6공화국이 열림과 동시에 신군부 세력이 계속 집권하는 아이러니한 상황이 펼쳐진 것이다.

[TMI: 6월 민주항쟁 더 알아보기]

유월 항쟁(六月 抗爭)은 1987년 6월, 대통령직선제 개헌 등 민주화를 요구하며 전국적으로 전개된 대규모 시민 항쟁이다. 민주헌법쟁취 국민운동본부가 기획한 6.10 국민대회를 기점으로 시작된 유월 항쟁 당시 전국 곳곳에서 매일 평균 100회 이상의 시위가 동시다발로 벌어졌다. 유월 항쟁에 참여한 연인원은 400~500만 명으로 추산된다. 결국, 전두환 정권은 1987년 6월 29일 6.29 민주화 선언을 통해 대통령직선제 개헌 요구를 수용할 수밖에 없었고, 직선제 개헌 이후 대한민국 사회는 본격적인 민주화 단계로 접어들게 되었다.

– 6월 항쟁, 한국민족문화대백과사전

머릿속에 박제하는 한국사

머릿속에
박제하는 한국사

ⓒ 박재한, 2025

초판 1쇄 발행 2025년 2월 28일

지은이   박재한
펴낸이   이기봉
편집   좋은땅 편집팀
펴낸곳   도서출판 좋은땅
주소   서울특별시 마포구 양화로12길 26 지월드빌딩 (서교동 395-7)
전화   02)374-8616~7
팩스   02)374-8614
이메일   gworldbook@naver.com
홈페이지   www.g-world.co.kr

ISBN   979-11-388-3999-0 (03910)